AF561536

Impacts psycho-socioéconomiques de la pandémie Covid-19 et du confinement en Afrique subsaharienne

Collection « Études africaines »

dirigée par Denis Pryen et son équipe

Forte de plus de mille titres publiés à ce jour, la collection « Études africaines » fait peau neuve. Elle présentera toujours les essais généraux qui ont fait son succès, mais se déclinera désormais également par séries thématiques : droit, économie, politique, sociologie, etc.

Dernières parutions

Jorge BRITES (dir.), *Mauritanie : que nous laisseront les vents de sable ?*, 2021.
Benoît Kouakou Oi KOUAKOU, *Le métier d'Homme*, 2021.
Safiatou DIALLO, *Politiques de santé en Guinée, de la colonisation au début du XXIe siècle*, 2021.
Gaptia LAWAN KATIELLOU, Vieri TARCHIANI et Maurizio TIEPOLO (dir.), *Risque et adaptation climatique dans la région de Dosso au Niger*, 2021.
Joël IPARA MOTEMA, *Maladie et quête de sante en République démocratique du Congo,* 2021.
Julien IRUMU AGOZIA-KARIO, *Spiritualité logo au contact de la colonisation*, 2021.
NIAMKEY-KOFFI, *La notion de système philosophique. Spinoza et Nietzsche*, 2021.
Mylène DANGLADES, Babou DIÈNE et Denis Assane DIOUF (dir.), *L'esclavage en mots/maux et en images,* 2021.
Benjamin KAGINA SENGA, *Quelle protection pour les enfants déplacés et refugies non accompagnés en République démocratique du Congo ?,* 2021.
Christian ROCHE, *Les pionniers des indépendances africaines face à leur destin. Colonies françaises d'Afrique noire et territoires de l'océan Indien,* 2021.
Emmanuel KABONGO MALU, *La critique de la raison scientifique égypto-africaine chez Cheikh Anta Diop*, 2021.
NIAMKEY-KOFFI, *Philosophie, culture et développement. De l'esthétique nègre à l'impensé philosophique des langues*, 2021.

Sous la direction de
Rachid CHAABITA

Impacts psycho-socioéconomiques de la pandémie Covid-19 et du confinement en Afrique subsaharienne

5-7, rue de l'École-Polytechnique – 75005 Paris
www.editions-harmattan.fr
ISBN : 978-2-343-24247-7
EAN : 9782343242477

SOMMAIRE

INTRODUCTION GÉNÉRALE

Avec la crise du Covid 19 l'Afrique Subsaharienne a subi un choc économique sans précédent. Malgré les efforts déployés par les autorités publiques pour soutenir leurs économies, la crise sanitaire a influencé plusieurs secteurs d'activités. Du fait de son impact inédit, les conséquences de cette crise sanitaire mettront du temps à se dissiper. Selon les statistiques publiées par ces pays, les pertes de production cumulées suite à la crise sanitaire pourraient atteindre près de 10 points de PIB fin-2021, avec des conséquences très graves sur l'emploi (les taux de chômages ont dépassé, déjà, largement la moyenne). En outre, le PIB par habitant ne devrait retrouver son niveau normal qu'à partir de l'année 2024 avec une certaine dispersion par pays.

Cette situation risque d'aggraver le taux de pauvreté en Afrique Subsaharienne, entrainant une hausse de la population en pauvreté à plus de 30 millions de personnes. Dès lors, pour de nombreux pays subsahariens, la reprise de l'activité économique qui se dessine, risque d'être inégale, creusant davantage les écarts entre ces pays.

Dans cet ouvrage collectif, nous voulons montrer les différents facteurs qui contribuent à soutenir cette reprise de l'Afrique Subsaharienne en jetant la lumière sur les études qui ont cherché à identifier d'une part, les états des lieux de ces pays durant et après la pandémie, Covid19, en discutant, surtout, de l'impact psychologique sur la population subsaharienne. Et d'autre part, les solutions proposées pour faciliter la reprise des secteurs les plus impactés par cette crise sanitaire, notamment, l'activité commerciale et l'éducation.

Impact psychologique de la Covid-19 : anxieté et stratégie de coping chez des professionnelles du sexe

Psychological impact: anxiety and coping strategy among sex workers

Dr KOUASSI Affoué Mélissa

Enseignante-chercheuse, Assistante
Département de Psychologie/ Sciences de l'Homme et de la Société (SHS)
Université Félix Houphouët-Boigny/ Abidjan, Côte d'Ivoire/ Laboratoire de Psychologie Génétique Différentielle
melissakouassinzi@gmail.com

Résumé : Le présent travail aborde la problématique de l'industrie du sexe face à la pandémie de la COVID-19, dans une perspective d'analyse des stratégies de coping mises en place par les professionnelles du sexe, en vue de s'adapter. À cet effet, nous nous sommes intéressés à 16 femmes vivant à Abidjan, en Côte d'Ivoire, dont l'âge est compris entre 18 à 26 ans. À partir de l'Échelle d'appréciation de l'anxiété de Hamilton (1960), de l'Inventaire de Beck pour l'anxiété (1988), de l'Inventaire de Coping pour Situations Stressantes adapté et validé en français par Rolland (1998), des entretiens cliniques et d'études de cas, nous avons inféré les mécanismes psychologiques qui induisent les capacités d'ajustement, face à l'anxiété due à la pandémie. Globalement, les résultats obtenus montrent que les stratégies de coping adoptées par les travailleuses du sexe sont fonction du niveau d'anxiété ressenti. De plus, les stratégies d'ajustement par la tâche et de diversion sociale sont moins utilisées par les professionnelles du sexe que celles orientées vers les réactions émotionnelles. Aussi, les traits de personnalité interviennent-ils dans le choix du type de stratégie de coping utilisé chez les professionnelles du sexe.

Mots-clés : Anxiété- Coping- Professionnelle du sexe.

Abstract: This work addresses the issue of the sex industry in face of the COVID-19 pandemic, with a view to analysing the coping strategies put in place by sex workers, in order to adapt. To this end, we focused on 16 women living in Abidjan, Ivory Coast, whose age is between 18 and 26 years old. Based on the Hamilton Anxiety Rating Scale (1960), the Beck Inventory for Anxiety (1988), the coping inventory for stressful situations adapted and validated in French by Rolland (1998), clinical interviews and case studies, we have inferred the psychological mechanisms that induce coping skills in the face of anxiety due to the pandemic. Overall, the results obtained show that the coping strategies adopted by sex workers depend of the level of anxiety felt. In addition, task-based adjustment strategies and social diversion are used less by sex workers than those geared towards emotional reactions. Also, personality traits are involved in the choice of the type of coping strategy used by sex workers.

Keywords: Anxiety- Coping- Sex workers

I. INTRODUCTION

L'individu vit au cours de son existence un certain nombre d'évènements qu'il peut percevoir comme menaçant. Ces évènements mineurs ou majeurs (deuils, séparation, divorce, naissance d'un enfant, changement d'emploi, promotion) induisent des perturbations émotionnelles face auxquelles le sujet ne reste pas passif : il essaie d'y faire face. On parle donc de *coping* pour désigner la façon de s'ajuster aux situations difficiles. Pour Lazarus et Folkman (1984), le coping désigne l'ensemble des efforts cognitifs et comportementaux destinés à maîtriser, réduire ou tolérer les exigences internes ou externes qui menacent ou dépassent les ressources d'un individu. La résilience d'un individu est plutôt sa capacité à résister à des *chocs* fortement stressants qui pourraient impacter son équilibre psychique ou l'organisation sociale dans son ensemble. Inédite, la crise sanitaire du covid-19 est l'occasion de faire certaines observations *in vivo* pour les chercheurs. En effet, l'actuelle pandémie du coronavirus (covid-19) constitue une réalité particulière et inhabituelle. Les mesures mises en place pour faire obstacle à la propagation du virus telle que : les recommandations de confinement ; la distanciation sociale ; les modifications des conditions de travail ; le port du masque, changent les habitudes sociales, bouleversent les codent sociaux. Elles affectent tant au niveau personnel que collectif, au niveau physique que psychologique. Ainsi, de nombreux individus vivent des situations de stress et/ou d'anxiété. Il convient de faire une analyse de ces deux réactions de l'organisme. Le stress selon Lazarus et Folkman (1984), est défini comme une transaction entre l'individu et l'environnement dans laquelle la situation est évaluée par l'individu comme débordant ses ressources et pouvant mettre en danger son bien-être. Il est différent de l'anxiété. Le stress est un mécanisme de réponse pouvant amener différentes émotions comme l'anxiété. Cette dernière est perçue comme une inquiétude, une peur intense, excessive et persistante (Bouras et Holt, 2007). En l'absence ou en présence du stress, l'anxiété peut créer des sentiments envahissants de peur.

Dans ce contexte chaque étape, chaque progression de la maladie à coronavirus, vient générer une situation d'anxiété susceptible de fragiliser l'équilibre de l'individu, de la société en général. Ce qui suggère la mise en place de stratégies de coping pour faciliter l'adaptation. Le lien entre l'anxiété et les stratégies de coping est déterminé. Wargnies et coll. (2002) ont montré la relation entre dépression, anxiété et stratégies de coping chez les adultes atteints de mucoviscidose. Hellemans (2004) a établi que l'anxiété entraîne la mise en place de stratégies d'ajustement en situation d'examen chez les étudiants de première et deuxième année d'université. Endler et Kocovski (2001), Mariage (2001) affirment quant à eux qu'il existe une interaction entre l'anxiété et le processus de coping. Toutefois, ce lien n'a pas encore été éprouvé dans le contexte particulier de la pandémie du covid-19, en Côte d'Ivoire. De plus, la pandémie du Covid-19 révèle des inégalités et touche de manière disproportionnée les populations déjà criminalisées, marginalisées, se trouvant en situation économique précaire. Ainsi, les professionnels du sexe tout comme le reste de la population mondiale sont également affectées par le virus. Leurs clients étant soumis aux mesures de prévention de la maladie telles que le confinement et/ou le couvre-feu, les professionnels du sexe perdent parfois toute protection sociale. Selon la déclaration commune de l'ONUSIDA et le Réseau mondial des projets sur le travail du sexe (2020), leur vulnérabilité augmente au pont de ne plus pouvoir subvenir à leur besoin et à ceux de leurs familles. L'accès difficile au lieu de travail, la peur de se faire arrêter par la police, l'accès réduit aux médicaments essentiels pour ceux qui sont infectés par le VIH, sont autant de facteurs de stress susceptibles de générer de l'anxiété. Étudier les stratégies de coping mises chez des individus à *haut risque* tels que les professionnels du sexe pourraient permettre de comprendre les processus psychologiques à l'œuvre dans les mécanismes d'adaptation dans la crise du covid-19. D'où l'importance de cette étude. Au demeurant, la riposte mondiale face au covid-19 se doit d'être inclusive.

L'objectif de cette étude est donc de comprendre le lien probable entre l'anxiété et les stratégies de coping chez les professionnels du sexe dans un contexte de crise sanitaire mondiale liée au covid-19. L'Hypothèse générale postule que le niveau d'anxiété détermine le type de stratégies de coping chez les professionnels du sexe.

L'étude s'appuie sur la théorie du modèle interactionniste de l'anxiété, du stress et du coping de Rolland (1998). Elle stipule que les interactions entre l'individu et la situation conduisent à une perception d'un danger ou de l'angoisse entraînant ainsi des variations de l'anxiété qui à son tour mène à des réactions physiologiques, comportementales et psychologiques. Ces divers mouvements conduisent à l'élaboration de stratégies de coping qui favorisent l'adaptation à la situation, dans un processus dynamique.

II. MÉTHODE ET MATÉRIEL

II.1. Sites et participants à l'enquête

L'étude s'est déroulée auprès de 16 professionnelles du sexe exerçant leur activité dans la commune de Yopougon situé dans l'ouest du district d'Abidjan, au sud de la Côte d'Ivoire. Ces femmes sont âgées de 18 à 26 ans. Elles ont en commun d'avoir exercé leur activité professionnelle avant et pendant la crise sanitaire de la covid-19.

II.1.1. Méthode et instruments de collecte des informations

Pour cette étude, trois méthodes ont été convoquées. La méthode comparative, la méthode clinique et l'étude de cas. Cette démarche a permis de mettre à l'épreuve l'hypothèse générale mais également de dresser un profil psychologique de participante quant au style cognitif, à la résolution de problème, au schéma de pensée et aux traits de personnalité. Les tests psychologiques tels que l'Échelle d'appréciation de l'anxiété de Hamilton (1960), de l'Inventaire de Beck pour l'anxiété (1988), de l'Inventaire de Coping pour Situations Stressantes adapté et validé en français par Rolland (1998).

L'Échelle d'appréciation de l'anxiété (Hamilton, 1960), donne une évaluation quantitative de l'anxiété. Elle est conçue pour évaluer le niveau d'anxiété. Elle comporte 14 items cotés de 0 à 4 : 0 correspond à l'absence de manifestations de l'anxiété, 1 à des manifestations d'intensité légère, 2 intensité moyenne, 3 intensité forte et 4 intensité extrême.

L'Inventaire de Beck pour l'anxiété (1988) est une liste de 21 symptômes d'anxiété. Les participantes indiquent la fréquence du symptôme pendant les 7 derniers jours sur une échelle de 0 à 3.

Ces deux échelles donnent une mesure générale de l'anxiété. Toutefois, la première désigne le niveau d'anxiété, la seconde met l'accent sur la fréquence des symptômes, avec une prédominance pour les symptômes psychologiques.

L'Inventaire de Coping pour Situations Stressantes adapté et validé en français par Rolland (1998) évalue les styles de coping de façon multidimensionnelle :

- L'orientation vers la tâche : Les efforts du sujet sont orientés vers la tâche pour résoudre le problème, le restructurer sur le plan cognitif
- L'orientation vers l'émotion : Le sujet se centre sur les émotions déclenchées par la situation problématique dans le but de réduire le stress.
- L'orientation vers l'évitement : Le sujet cherche à éviter la situation stressante (distraction, diversion sociale).

Ce type d'approche permet de préciser la prédiction des styles préférentiels de coping, la compréhension des patterns individuels de réaction de coping, la compréhension de relations différentielles entre les styles de coping et d'autres variables de personnalité (Endler et coll, 1998). L'évaluation du coping peut s'avérer particulièrement importante dans les perspectives d'analyse des conduites face à l'anxiété professionnelle.

II.1.2. Résultats

A. Évaluation de l'anxiété et des stratégies de coping

Le tableau suivant montre les résultats de l'évaluation de l'anxiété aux différents tests effectués en fonction des stratégies de coping privilégiées.

Tableau du niveau d'anxiété en fonction du type de stratégie de coping

	Faible	Moyen	Élevé	Total
Émotion	0	3	5	8
Évitement	1	1	3	5
Tâche	1	1	1	3
Total	2	5	9	16

Figure 1.

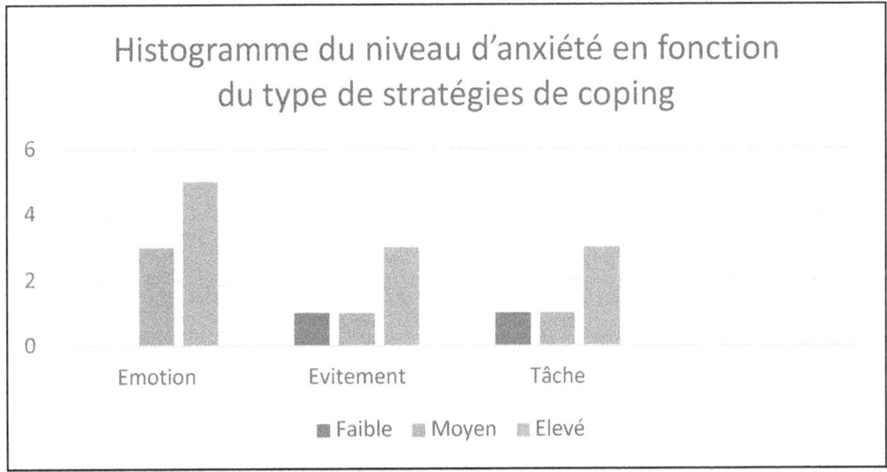

Source: Auteur

P valeur calculée est de 0,59. Au seuil 0.05, cette valeur est inférieure à tous les degrés de liberté pour cette distribution. L'hypothèse générale est donc vérifiée : il existe une relation entre le niveau d'anxiété et le type de stratégies de coping privilégié. De plus, nous observons que 50% (8/16) des participantes privilégient les stratégies de coping de type « émotionnel » contre 0,31% (5/16) pour le type « évitement » et 0,19% (3/16) pour le type « tâche ».

Lors des entretiens, des principaux mécanismes de régulation de l'angoisse apparaissent. Ils viennent confirmer ces constatations. On peut les observer à travers les études de cas.

B. Étude de cas

Cas de K. S., 23 ans

K. S. est une professionnelle du sexe. Elle exerce son activité depuis 5 ans. Depuis la pandémie du covid-19, elle affirme avoir des difficultés à s'endormir après le travail, du fait des répercussions financières engendrées par la crise. Elle exprime ses difficultés en pleurant : *Les clients sont rares même les habitués. C'est difficile de joindre les deux bouts. J'ai un enfant, j'ai peur de ne pas pouvoir m'en sortir. La police nous a traqués pendant le couvre-feu, beaucoup de filles se sont fait arrêter. Nous, on a peur mais on sort quand même. Depuis la crise, je pleure beaucoup, je m'énerve souvent pour « des petits trucs ».*

K. S. utilise un coping centré sur le retrait émotionnel : soit par des manifestations excessives de pleurs, de colère ou par un sommeil inhabituel. Ses résultats aux tests ont montré un niveau d'anxiété élevé. On note également chez la participante, des sentiments d'inadéquation et d'infériorité personnelle en comparaison avec *les autres femmes* : *je ne suis rien, je ne sais ni lire ni écrire comme les autres femmes, la rue c'est tout ce que je connais*. Il semble qu'un vécu dépressif vienne se « greffer » à un niveau d'anxiété déjà élevé. Lors de l'entretien, K S. exprime un appauvrissement de la pensée : *j'ai peur de ne pas pouvoir lire les instructions, je n'arrive pas à me concentrer.*

Ces attitudes se mettent en place dans un processus d'ajustement. Afin de s'adapter à une situation stressante nouvelle, K. S. se met en position de victime exposée au risque de ne pas pouvoir contrôler la situation. La peur se transforme dès lors en stratégie de coping, elle devient un mécanisme de défense impliquant un schéma de pensée caractérisée par l'égocentrisme. Ce mode de fonctionnement pourrait évoluer vers un positionnement narcissique où le sujet s'investit comme le seul détenteur du pouvoir de s'en sortir face à une situation de stress intense.

Cas de F. B., 26 ans

F.B. est une professionnelle du sexe depuis ses 13 ans. Elle dit avoir subi plusieurs agressions sexuelles de la part de son beau-père quand elle avait 12 ans, à la suite desquels elle a fait une fugue. Elle vit dans la rue depuis lors. K.F. affirme que la pandémie de la covid-19 a impacté son activité mais elle commence à s'adapter. Elle évite les lieux où il y a des patrouilles de police : *je travaille maintenant dans des bars plus discrets. Mes clients savent où me trouver. Mais je reconnais que ces temps-ci je bois beaucoup, je fume, je me drogue un peu plus, mais ça va passer. Je préfère m'éclater ça m'aide à penser à autre chose.*

Le choix privilégié de K. F. pour le coping « évitement » par la distraction est un comportement d'action « s'éclater », bouger, consommer de l'alcool et de la drogue. C'est un mécanisme de défense dont le but est le retournement des pulsions agressives contre soi. Le coping « évitement » par la distraction peut être adéquat pour faire face aux évènements quotidiens mais, il peut se révéler inefficace face à une angoisse trop intense. La difficulté à affronter l'angoisse pourrait se traduire par un déni, une capacité de perception insuffisante de symptômes psychologiques avec la minimisation des signes d'anxiété.

Cas de S.M., 19 ans

S.M. est une étudiante en droit le jour et professionnelle du sexe la nuit. Elle mène son activité pour *payer ses cours.* Selon ses propos : *la prostitution est une activité comme une autre. Elle m'aide à payer mes cours, mon loyer et mes factures. Je suis autonome. Depuis le corona, j'ai peur de perdre cette autonomie financière... Je prends donc mes précautions. Même si je ne peux exiger du client une distanciation sociale, j'ai du gel hydroalcoolique, j'exige un cache-nez, je me protège comme je peux. C'est une maladie il faut faire attention comme le SIDA. Je lis beaucoup sur l'évolution de la Covid-19. Bientôt j'exigerai un test avant de travailler* (rires).

On note chez S.M. une réaction centrée sur l'intellectualisation du problème. Une rationalisation satisfaisante mais qui ne tient pas compte de tous les faits. Elle semble investir les stratégies cognitives de restructuration du problème et cherche un moyen d'apaiser le niveau d'anxiété. Ici, l'accent est mis sur la résolution de la crise sur le pan intellectuel, le niveau d'études de S.O. pourrait être l'une des explications à ce phénomène psychologique.

L'anxiété est liée au style de stratégie de coping comme le montent les résultats aux tests. Toutefois, les entretiens cliniques avec ses trois participantes laissent suggérer une probable influence de certains traits de personnalité quant au choix de privilégier un mode de fonctionnement dans l'ajustement, ou l'adaptation à la crise sanitaire. Il semble que l'égocentrisme, la tendance au retournement sur soi de pulsions agressives et l'intellectualisation soient des facteurs à prendre en compte dans l'analyse des stratégies de coping.

III. Discussion

Les résultats obtenus montrent plusieurs aspects. Premièrement, le niveau d'anxiété influence le type de stratégie de coping utilisé chez les professionnelles du sexe. Deuxièmement, le type de coping le plus fréquemment utilisé est le coping « émotion ». Ce choix méthodologique qui consiste à évaluer les stratégies de coping en fonction du niveau d'anxiété est également celui de Mariage (2001) et de Wargnies et coll. (2002). Il existe néanmoins des divergences entre ces études. Celles-ci se situent notamment au niveau de la taille de l'échantillon, de la population d'étude. En effet, Wargnies et coll. (op cit) ont travaillé avec des patients d'un hôpital spécialisé dans le traitement de la mucoviscidose. Quant à l'étude de Mariage (2001), elle a porté sur 205 ouvrières travaillant dans des ateliers de coutures. De plus, l'auteure a mis l'accent sur le rôle de la personnalité dans le choix des stratégies de coping. Ces recherches ont toutefois abouti à la conclusion que le niveau d'anxiété est fonction des stratégies de coping privilégiées par les professionnelles du sexe, face à la pandémie de la Covid-19. Ces conclusions vont également dans le même sens que le présent travail.

Les professionnelles du sexe depuis la survenue de la crise sanitaire mondiale, font face à bon nombre de situations stressantes notamment, la peur de la perte de leur source de revenu. Les mesures-barrières pour contrer la propagation de la maladie mettent à mal l'activité prostitutionnelle. Le confinement, le couvre-feu sont des facteurs de stress non-négligeable susceptibles de freiner les activités des travailleuses du sexe. Par ailleurs, la stigmatisation générée par ce type de travail semble s'accentuer pendant la crise et la pénalisation de l'activité prostitutionnelle entraîne souvent des arrestations, des amendes. Le niveau de stress paraît également s'intensifier face à toutes ces difficultés. Pour s'adapter à cette situation nouvelle, les professionnelles du sexe interrogées mettent en place des stratégies de coping basées sur l'émotion, l'évitement et la tâche. Les stratégies de coping « émotion » et « évitement » sont associées respectivement à des degrés élevé et moyen du niveau d'anxiété. Par contre, le type « tâche » est lié au niveau faible. Même si l'émotion apparaît comme une stratégie privilégiée, il n'en demeure pas moins qu'à long terme, elle semble inadéquate pour répondre à une situation d'angoisse intense. Il en est de même pour l'évitement par la distraction. Les professionnelles du sexe doivent répondre aux exigences de la demande et sont également tenues de respecter les mesures de prévention de la Covid-19. Face à un travail qui impose une importante charge physique et émotionnelle, elles sont contraintes à développer davantage d'efforts mentaux pour trouver des stratégies d'ajustement. Ceci par la connaissance de la maladie et des mesures de prévention, par la mise en place de stratégies d'adaptation pour éviter de se faire contaminer tout en continuant d'exercer son activité. Face à ces défis, l'émotion et l'évitement suffisent-elles à long terme ? La stratégie de coping centrée sur la tâche semble la mieux adaptée face la crise sanitaire. Faut-il encore qu'elle ne soit pas une rationalisation momentanée satisfaisante, mais qui ne tient pas compte de toute la réalité des faits.

IV. Conclusion

L'étude a montré l'existence de relation possible entre l'angoisse et les stratégies de coping chez les professionnelles du sexe confrontées à la pandémie de la Covid-19. Elle a permis de mieux cerner les angoisses liées à l'exercice de ce type d'activité, dans un contexte nouveau. Le concept de coping traduit les stratégies d'ajustement de ces femmes, pour faire face à l'adversité. On perçoit ainsi, l'importance d'un suivi personnalisé des professionnelles du sexe qui permet d'établir un lien entre les diverses expressions du vécu du travail et les histoires collectives et individuelles. Le but ultime est de prévenir d'éventuelles atteintes à la santé physique et mentale et de proposer des interventions et soutiens les mieux adaptés

Bibliographie

Bouras, N. & Holt, G (2007). *Psychiatric and behavioural disorders in intellectual and developmental disabilities*. UK: Cambridge University Press.

Déclaration commune de l'ONUSIDA et le Réseau mondial des projets sur le travail du sexe (2020), www.unaids.org consulté le 15 janvier 2021.

Endler, N.S. & Parker, J. D. (1998). *CISS, inventaire de coping pour situations stressantes*. Paris : Les éditions du centre de psychologie appliquée. www.pearsonclinical.fr consulté le 20 janvier 2021.

Endler, N.S. & Kocovski, N. L. (2001). State and trait anxiety revised. *Anxiety disorders*, 15, 231-245.

Hamilton, M. (1960). A rating scale for depression. *J neurology neuroscience psychiatry*, 23, 56-62. www.hassante.fr/portail/upload/docs/application/pdf/guide_medecin_troubles_anxieux.pdf

Hellemans, C. (2004). Stress, anxiété et processus d'ajustement face à un examen de statistique à venir, *O.S.P. l'orientation scolaire et professionnelle*, 33 (1), 141-170. https://doi.org/10.4000/osp.2253.

Lazarus, R.S. & Folkman, S. (1984). *Stress, appraisal, and coping*. NY : Springer.

Mariage, A. (2001). Stratégies de coping et dimensions de la personnalité : étude dans un atelier de couture, *le travail humain*, 1 (64), 45-59.

Rolland, J.P. (1998). *Manuel du CISS : adaptation française de l'inventaire de coping pour situations stressantes de N.S. Endler et J.D.A. Parker*. Paris : Les éditions du centre de psychologie appliquée.

Wargnies, E., Houzé, L., Vanneste, J., Perez, B. et Wallaert, B (2002). Dépression, anxiété et stratégies de « coping » chez les adultes atteints de mucoviscidose, *mal respir*, 19, 39-43.

Impact psychologique de la crise Covid-19 sur la population de la Commune urbaine de Kankan (Guinée)

Psychological impact of the Covid19 crisis on the population of the urban Township of Kankan (Guinea)

GROVOGUI Bolivard Koïkoï

Enseignant-chercheur
Université Julius Nyerere de Kankan (Guinée)
Laboratoire des Sciences sociales (LASSO)
bolivardgro@gmail.com

Résumé : La pandémie due à la maladie à coronavirus apparaît en Guinée le 12 mars 2020. Depuis son déclenchement en Chine et son apparition en Europe et un peu partout dans le monde, le coronavirus a suscité un sentiment de peur, d'anxiété et de panique partout sur toute l'étendue du territoire national de la Guinée. Ce sentiment a été alimenté par les crises sanitaires majeures de type choléra et Ebola que le pays a connu dans les années antérieures. L'article tente d'expliquer comment la Covid-19 a été ressentie par les populations de la Commune urbaine de Kankan, en termes de changement de comportement. Cet objectif amène à décrire les opinions des citoyens concernant le confinement, les mesures sanitaires (lavage de mains, port de bavette, distanciation sociale,...) et surtout les restrictions en matière de thanatologie. L'observation directe et les entretiens avec 40 personnes réalisés dans 5 quartiers de Kankan ont permis d'aboutir aux résultats atteints par cette recherche. Les résultats auxquels l'étude a abouti montrent que la propagation de la Covid-19 résulte de la perception et des représentations sociales de la maladie (déni, dénégation).

Mots clés : Commune urbaine de Kankan, Covid-19, impact psychologique, population.

Abstract: The pandemic due to the illness of coronavirus appears in Guinea on March 12, 2020. Since his/her/its starting point in China and its apparition in Europe and almost everywhere in the world, the coronavirus caused a feeling of fear, anxiety and panic everywhere all over the national territory of Guinea. This feeling has been nourished by the major sanitary crises of type cholera and Ebola that the country knew in the previous years. The article tempts to explain how the Covid-19 has been felt by the populations of the urban Township of Kankan, in terms of behavior change. This objective motivates to describe the opinions of the citizens concerning, the down lock, the sanitary measures (washing of hands, mask wearing, social distance...) and especially the restrictions concerning thanatology. The direct observation and the interviews of 40 people achieved in 5 districts of Kankan permitted to succeed in the results reached by this research. The results in which the survey succeeded show that the propagation of the Covid-19 results from the perception and the social representations of the illness (denial).

Key words: Covid-19, population, psychological impact, urban township of Kankan.

I. Introduction

La maladie due à la Covid-19 ou « Coronavirus Disease 2019 » est une pandémie qui a provoqué (et continu de provoquer) une véritable crise sanitaire et économique sans précédent dans le monde entier. Le confinement et les autres mesures barrières de cette pandémie ont un impact sur le mode de vie et de travail, et sur les liens sociaux. Ils ont surtout des répercussions psychologiques et rendent paranoïaque.

Le confinement, la mise en quarantaine des malades, le changement de comportement exigé aux personnes saines suscitent des inquiétudes et instaurent un climat de stress au sein des populations africaines.

La Guinée a enregistré au total 14 375 cas confirmés de Covid-19, 13 746 cas guéris et 81 cas de décès (matin du 25 janvier 2021), ce qui crée un sentiment de peur et d'anxiété auprès de la population. Les mesures sanitaires et autres restrictions liées à cette pandémie ont des effets sur les activités normales, les attitudes ou les moyens de subsistance de nombreuses personnes.

La question centrale de cette étude est : quel est l'impact psychologique de la pandémie due au corona virus sur la population de la ville de Kankan ?

L'objectif que se fixe cet article est d'expliquer comment la Covid-19 a été ressentie (et est ressentie) par les populations de la Commune urbaine de Kankan, surtout en termes de changement de comportement. Cet objectif amène à décrire les opinions des citoyens concernant le corona virus, le confinement, les mesures sanitaires et surtout les restrictions qui affectent les activités sociales et culturelles des populations (mariage, baptême, fêtes, funérailles, prières,...etc).

L'article se fonde sur l'hypothèse selon laquelle la perception et la représentation affectent largement les attitudes et les réactions des populations face à la pandémie de Covid-19.

L'étude a été réalisée dans 6 quartiers de la Commune urbaine de Kankan (Banankoroda, Briqueterie, Kabada1, Korialen, Sogbè et Timbo) et sur un échantillonnage (de type aléatoire) de 40 personnes.

Le choix des sites de recherche repose sur un certain nombre de critères stratégiques : Ces quartiers sont situés au centre de la ville ; ils abritent les 3 grands marchés de la ville (Dibida, Lofèba et Sogbè) ; ils abritent plusieurs établissements d'enseignement scolaire, professionnel et universitaire (dont l'Université, l'Ecole des soins de santé communautaire, un Centre de formation professionnel, l'Ecole nationale des instituteurs, 3 Lycées, l'hôpital régional, la grande mosquée, la Cathédrale, l'Eglise protestante, la gare routière, les banques, la maison des jeunes. Tous ces lieux sont des centres de regroupement des populations, où les contacts sont fort réguliers et où il y a prédisposition à la propagation de la maladie. Cantrelle P. et Locoh T. (1990) notaient d'ailleurs que les contacts ont plus de risques de se produire à l'occasion des rassemblements : funérailles, pèlerinages, marchés, regroupements...

En plus de la recherche documentaire effectuée dans la bibliothèque de l'Université Julius Nyerere de Kankan et du Centre de lecture américain, l'approche qualitative basée sur l'observation et l'entretien est la méthode privilégiée dans cette recherche. Les aspects qualitatifs de l'étude ont été saisis à travers des entretiens individuels à l'aide des guides d'entretien et de groupes de discussions ou focus groups.

Le guide d'entretien a été adressé à une population cible composée de 8 catégories de personnes ressources : commerçants, enseignants, étudiants, ménagères, ouvriers, professionnels de la santé, responsables religieux, transporteurs.

En ce qui concerne les focus groups, les entretiens ont permis aux participants de confronter leurs opinions, de construire de nouveaux sens et de transformer une réalité en une autre par le biais de la communication. Les focus groups permettent donc d'observer les représentations sociales dans leur dynamique de construction. Ils reproduisent une microsociété pensante proche de la réalité sociale et favorisent le discours des sujets (Markova I., 2004).

En fin, le traitement des données a été réalisé en effectuant la transcription verbatim de l'ensemble des entrevues et les données recueillies ont été croisées et groupées par série. Ce qui a permis d'aboutir aux résultats présentés dans cet article.

II. Presentation de la commune urbaine de Kankan

Chef-lieu de la préfecture, la Commune urbaine de Kankan est l'une des douze subdivisions administratives de la préfecture de Kankan. Elle est limitée :

- à l'Est par la sous- préfecture de Balandou,
- à l'Ouest par la sous -préfectures de Gbérédou- Baranama,
- au Sud par la sous- préfecture de Tinti-oulèn,
- au Nord par la sous-préfecture de Karifamoriah.

La commune est comprise entre 10°42 et 10°35 de latitude Nord et entre 9°37 et 9°25 de longitude Ouest, avec une altitude moyenne de 377m. Elle compte une population estimée à 193.830 habitants pour une superficie de 250 km2. Elle est composée de plusieurs groupes ethniques dont le groupe Maninka est le plus important suivi de celui des Peuhls et des ressortissants de la Basse Guinée et de la Guinée forestière.

La population de Commune de Kankan est cosmopolite. Les premiers habitants de cette localité sont les Korogba et les Bamanan. Mais on dispose peu d'informations sur ces premiers occupants de la localité. Cependant, selon la tradition ce sont les Condé qui ont fondé la province qui abritent Gbérédou et Kourou lamimi. Ils sont les premiers occupants de Kankan. La tradition orale rapporte que les Condé et les Keita de Hamana seraient venus au même moment au XIVe siècle. Les Maninka-Mori (Kaba) sont venus tardivement. Ils sont originaires de Diafounou (République du Mali).

Administrativement, La Commune urbaine de Kankan est découpée en 27 quartiers dont trois districts ruraux.

Tableau 1. Les quartiers de la Commune urbaine de Kankan

N°	Quartiers				
1	Aviation	**10**	Farako I	**19**	Kankan-koura
2	Banankoroda	**11**	Farako II	**20**	Madina
3	Bordo	**12**	Gare	**21**	Météo
4	Briqueterie	**13**	Hèrèmakonon 1	**22**	Missira
5	Dalako	**14**	Hèrèmakonon 2	**23**	Salamani
6	Dar-Es-Salam	**15**	Kabada I	**24**	Sinkéfara 1
7	Diodo (district rural)	**16**	Kabada II	**25**	Sinkéfara 2
8	Energie	**17**	Korialen	**26**	Sogbè
9	Fourouban (district rural)	**18**	Konkoninkoro (district rural)	**27**	Timbo

Kankan, appelée « Nabaya », a été fondé par les CONDE dont l'ancêtre se nomme Fodé Mourou CONDE. Politiquement, Kankan est gouverné par les Kaba (Maninka mori), descendants de M'Mama Mariamagbè KABA, fondatrice de la sous-préfecture de Karifamoriah, est originaire de Diafounou de la République du Mali.

Figure 1. Carte de la Commune urbaine de Kankan

Commune Urbaine de Kankan en 2017

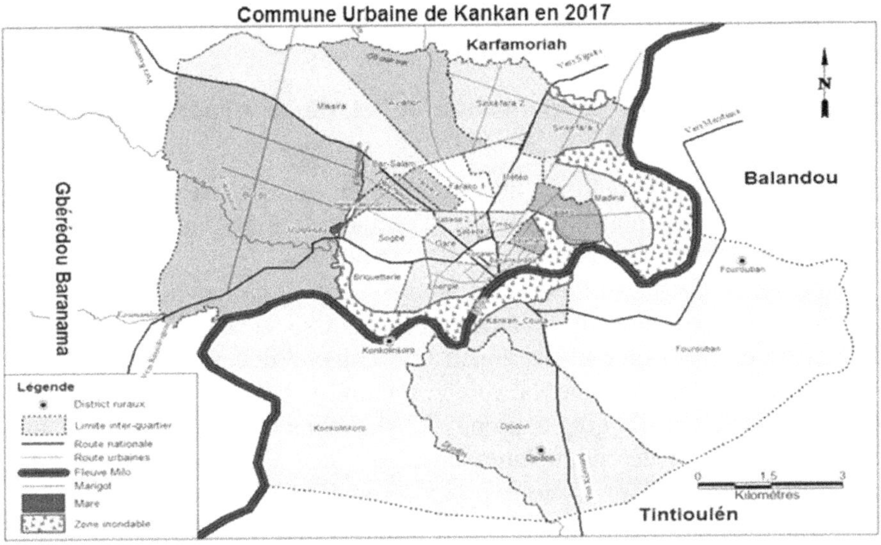

Réalisation: Cabinetcepcato@gmail.com/Mars 2018

III. De l'enigme d'Ebola a la paranoïa de la Covid-19

Depuis le 12 mars 2020, la Guinée fait face à la rude épreuve de la maladie à coronavirus appelée Covid-19. Alors que le pays venait de traverser une terrible crise sanitaire due à une épidémie (maladie à virus Ebola)[1] causant plus de 3.000 morts, l'annonce d'une nouvelle maladie – d'ailleurs une pandémie – ne pouvait que créer une panique totale au sein de la population. Contrairement à l'épidémie d'Ebola (qui a pris source dans un pays limitrophe) cette fois-ci la pandémie éclate dans la Chine émergente, le pays le plus peuplé du monde et la deuxième économie mondiale.

Somparé, A.W (2020) note que désormais tous les pays se sentent touchés et menacés par cette pandémie qui a contribué à mettre en quarantaine un tiers de la population de la planète.

La Guinée a été prise de court par l'apparition de l'épidémie à coronavirus en décembre 2019. La pandémie fait des victimes et met à rude épreuve l'économique du pays.

A une personne interviewée d'ajouter ceci : « *Quand j'ai appris la nouvelle selon laquelle une épidémie plus grave que l'épidémie Ebola est déclarée en Chine, j'ai eu la sueur de poule. Avec le nombre de victime par jour, j'ai dis tout de suite que cette épidémie, si elle arrivait en Guinée, elle*

[1] Le 1er juin 2016, le représentant de l'OMS en Guinée a déclaré la fin de l'épidémie d'Ebola en Guinée.

allait tuer tout le monde » (Monsieur M.S, médecin, résidant au quartier Kabada.

III.1. L'angoisse de la transmission et de la propagation de la Covid-19

Piéron, H. (1968) définit l'angoisse comme un malaise caractérisé par une crainte diffuse pouvant aller de l'inquiétude à la panique. C'est un malaise caractérisé par un sentiment de forte peur.

Le système de transmission et de propagation de la Covid-19 a créé un véritable sentiment de peur, d'anxiété et d'angoisse au sein de la population de la ville de Kankan. Contrairement à la maladie due au virus Ebola[2], le coronavirus se transmet par la voie respiratoire. Lorsque la population a appris que le virus qui entraîne la maladie Covid-19 se transmet principalement par des gouttelettes produites lorsqu'une personne infectée tousse, éternue, ou lors d'une expiration (un homme peut être infecté en respirant le virus, s'il est à proximité d'une personne malade), elle a tout de suite pris peur et une panique s'est aussitôt installée.

Aussi, le fait qu'un homme, en touchant une surface contaminée puis ses yeux, son nez ou sa bouche pouvait être contaminé par la maladie à coronavirus, cette autre information ne pouvant qu'amplifier le degré de panique. En effet, cette information selon laquelle les gouttelettes produites lorsqu'une personne infectée tousse, éternue, ou lors d'une expiration sont trop lourdes pour rester dans l'air et tombent rapidement sur le sol, la population a eu le sentiment d'une contamination générale de l'Afrique due à l'air provenant des pays affectés.

Une des personnes interrogées lors des enquêtes disait ceci:

« *Lorsque j'ai appris un jour que le cousin de mon mari a été testé positif à Conakry et qu'il est porté disparu, que les agents des services de santé sont à sa recherche, j'ai pris tout de suite peur et toute la famille a été paniquée. Il vient toujours chez nous à la maison lorsqu'il est en mission ici à Kankan. Je me suis dis que c'est la mort qui nous attend maintenant. Heureusement pour nous il était allé ailleurs pour se cacher* » (Mme F.K, ménagère, résidant au quartier Briqueterie).

A tout ceci s'ajoute le fait que Kankan est une ville de négoce. Nombreux sont des commerçants qui voyagent régulièrement vers la Chine, Dubaï et un peu partout en Asie et en Europe. Ces commerçants et autres hommes d'affaires constituent ainsi une source potentielle de contamination de la population. C'est pourquoi la population a eu peur et a développé un sentiment de stigmatisation à l'égard des voyageurs et autres étrangers. Elle a eu également peur d'aller à l'hôpital ou dans d'autres centres de santé,

---

[2] Ebola se transmettant notamment par le contact physique, la sueur, l'urine, mais très virulent.

même pour rendre visite à un malade qui s'y trouve, fut-il un ami ou un parent.

III.2. Les mesures barrières et le confinement

III.2.1. Impact psychologique des mesures barrières de la Covid-19

Comme on peut le noter dans un Bulletin guinéen[3], face à la gravité la Guinée a annoncé une série de mesures de précautions et de prudence qu'on dit mesures barrières qui vont pour l'essentiel, à la distanciation sociale au lavage des mains en passant par le port obligatoire de masques/bavettes.

Bien plus, le gouvernement a pris la décision de confiner le pays au trafic aérien, exception faite aux vols humanitaires.

Dans la foulée, il a aussi été instauré des couvre-feux, tous les jours, de 21 heures à 5 heures du matin.

Egalement, les tenanciers des transports publics (taxi-autos, taxi-motos) ont été contraints de limiter le nombre de passagers au strict minimum, restreignant drastiquement les libertés de déplacement à Conakry, l'épicentre de l'épidémie.

A ces mesures, s'ajoute l'interdiction de déplacement entre Conakry et les autres villes du pays profond.

En outre, sur le plan social, le gouvernement s'est vu contraint de fermer – ne serait-ce que temporairement – les salles de classe à tous les échelons de l'appareil éducatifs : élémentaire, primaire, secondaire, universitaire, technique et professionnel sur toute l'étendue du territoire national. Conséquence, les élèves et étudiants ont raté près de 2 à 3 mois de cours ; l'année scolaire et universitaire était même, un moment donné, menacé.

Toutes ces mesures dites de barrière ont, sans conteste, ébranlé les populations guinéennes et crée un climat de panique et de désespoir dans la Commune urbaine de Kankan.

Le lavage des mains, le port obligatoire de bavette, la distanciation sociale sont considérés par les habitants de la ville de Kankan comme des mesures contraignantes.

Aussi, la mesure liée à la distanciation sociale a amené les transporteurs à augmenter le tarif du transport. cette restriction liée à la diminution du nombre de passagers a occasionné l'augmentation du transport ; ce qui a, par ricochet, contribué à l'aggravation de la souffrance des populations. Cette situation économique amène les populations à penser que le coronavirus est une maladie négociée par l'Etat guinéen pour faire souffrir davantage les citoyens.

---

[3] Habitat infos. Covid-19 : la Guinée ébranlée mais pas vaincue !, numéro spécial consacré au Covid-19 en Guinée, no003, septembre 2020, p7.

III.2.2. Le confinement, l'isolement et la stigmatisation

Les cérémonies sociales et culturelles (baptême, mariage, cérémonies funéraires, fêtes religieuses ou communautaires) ont été interdites et gâchées par la Covid-19.

Voici le témoignage d'une personne interviewée au cours des enquêtes de terrain.

« Au mois de juin 2020, ma famille et moi, avions été confinées suite à l'infection de trois membres de la famille à la maladie à Covid-19.

L'annonce de la nouvelle à la famille a suscité de la peur, de la tristesse et de l'angoisse pour tout le monde. Les malades ont été admis au centre épidémiologique de l'hôpital régional de Kankan. Les autres membres de la famille, à part les enfants, étaient obligés à passer le texte de Covid-19. Fort heureusement tout le reste de la famille était négatif. Malgré tout, on nous a demandé de rester à la maison pendant quatorze (14) jours.

Cette situation était très difficile pour moi, étant mère de famille, surtout que c'était à la veille de la fête de tabaski. J'ai vécu une période très dure en ce moment. Même pour me rendre au marché c'était impossible, en étant confinée. Par endroit, j'étais obligée de prendre la voiture pour aller au marché. En y allant, je portais ma bavette, je désinfectais même l'argent avec lequel je dois faire les achats, et je me faisais assister par quelqu'un qui est au courant de notre situation sanitaire. Parce que je n'avais pas le choix, il fallait aller au marché pour nous chercher à manger.

Autre fait très marquant de notre confinement : lorsque les voisins ont appris la nouvelle, ils ont arrêté de fréquenter notre domicile. Alors que d'habitude et chaque soir les jeunes et d'autres personnes venaient à la maison pour regarder la télévision et charger leurs téléphones. Mais par peur d'être contaminé, tout le monde a déserté notre maison pendant cette période. Malgré le risque de contagion, une seule personne du voisinage nous rendait visite chaque jour, pour formuler des bénédictions à l'endroit de nos malades et de toute la famille. Cette dame affirmait toujours qu'elle continuera toujours à nous fréquenter, quelle que soit notre situation sanitaire et ce, à cause de nos liens sociaux et nos bienfaits. C'est donc à cause des liens de solidarité qui caractérisent l'Afrique que cette femme s'est désolidarisée des autres personnes qui nous stigmatisaient.

À cause de cette mauvaise maladie et de ce confinement nous n'avons pas pu faire la fête de tabaski, nous n'avons pas pu faire le sacrifice habituel de mouton. Nous avons fêté à la maison.

Moi personnellement je n'ai pas pu prendre part aux funérailles de notre recteur, Feu Dr Sékou KABA à cause de mon confinement.

Je réaffirme que la période de confinement n'a pas été facile pour notre famille » (Madame F.B, Enseignante-chercheuse, résidant au quartier Sogbè).

Concernant les cérémonies de mariage, un autre informateur disait que les mesures de restriction ont été annoncées 3 jours avant la célébration de notre mariage. Toutes les dépenses effectuées par ma famille et moi ont été gâchées. Nous avons été interdits de tout regroupement. Une maladie qui interdit le mariage, c'est ma première fois d'entendre et de vivre une telle réalité. Nous nous ne sommes pas malades ici, les blancs doivent garder leur maladie chez eux. C'est le gouvernement qui cautionne tout ça. Hier on nous parlait d'Ebola, aujourd'hui c'est *körönala virus*[4]» (Monsieur M.D, commerçant, résidant au quartier Banankoroda).

IV. PERCEPTION ET REPRESENTATIONS DE LA COVID-19 : DENI ET DENEGATION

D'une manière générale, les populations en Guinée et précisément à Kankan considèrent la pandémie Covid-19 comme une maladie inventée par les blancs en vue de diminuer les populations du 3è âge ou du 4è âge qui, selon ces blancs, sont non seulement inactives mais elles sont aussi énormément coûteuses en termes de dépenses. Il faut donc inventer une maladie pour faire face à cette réalité, comme ils ont préalablement inventé le SIDA et Ebola. La première maladie était appelée de façon humoristique « Système Inventé pour Décourager les Amoureux » ; la deuxième est perçue comme une invention pour interdire la consommation des animaux de brousse.

Force est de constater que les populations pensent que cette maladie est politique pour la raison bien simple que les scientifiques arrivent à prédire la fin de l'épidémie. Malheureusement, ils n'arrivent toujours pas à éradiquer cette pandémie jusqu'à présent. Le principe de cette opinion est que si l'on est capable de fixer la durée d'une maladie, c'est que celle-là est conventionnelle.

Beaucoup d'opinions se dégagent en faveur d'une connotation politique de l'existence de Corona virus en Guinée. Les unes estiment que la Covid n'existe que dans les pays africains où le gouvernement a accepté de signer une convention de partenariat avec les pays donateurs (occidentaux). Selon ce point de vue, l'instauration de l'existence de cette maladie dans un pays pauvre permet au gouvernement du pays concerné de bénéficier d'une aide financière et matérielle, donc de bénéficier de gros financement de la part des donateurs. Ce qui permettrait en substance aux dirigeants de ce pays de s'enrichir. C'est l'une des raisons pour lesquelles des mesures barrières ne sont pas respectées.

Selon d'autres opinions, certaines personnalités se sont servies du corona virus pour des fins politiques. De l'avis de certains leaders politiques et

[4] Littéralement, grand frère (körö) et son virus. Körö est employé pour désigner modestement le Président de la République (qui est vieux). D'ailleurs, les internautes ont écrit qu'il existe en Guinée deux Covid : Covid-19 et Covid-39 (39 en référence à l'année de naissance du Président de la République, qui est né en 1939).

autres hommes politiques, pendant que les mouvements de protestation organisés par le Front national pour la défense de la constitution (FNDC) contre l'organisation d'un referendum pour un 3è mandant du Président Alpha Condé, l'organisation de l'élection législative et de la présidentielle étaient interdits, à cause des mesures barrières (notamment celle de l'interdiction des regroupements), la mouvance présidentielle mettait à profit ce temps pour faire battre campagne à Conakry et surtout à l'intérieur du pays. Cet état de fait amenait l'opinion nationale à dire les mesures ou restrictions relatives à la Covid-19 n'étaient que purement politiques.

D'autres citoyens allaient jusqu'à affirmer que la pandémie a permis à certaines personnalités à faire des règlements de compte. Le cas de la mort de l'ex président de la cour constitution est pointé du doigt. Il s'agit de celui qui avait dit au Président de ne pas « céder aux sirènes du 3è mandat ».

Dans ce même ordre d'idée, voici ce que dit un des interviewés pendant les enquêtes de terrain: « *mon grand frère occupait un poste de responsabilité où il était beaucoup envié. Chaque année il partait au Sénégal pour des soins, mais avec la fermeture des frontières, il ne pouvait plus y aller. Lorsqu'il a décidé de se rendre à l'hôpital de Donka, ses ennemis en ont profité pour corrompre un médecin pour que celui-ci puisse le déclarer positif. Il a été aussitôt hospitalisé et soumis à un contre-traitement. On lui a retiré ses téléphones pour couper ses relations avec la famille. Il a réussi néanmoins à nous signifier cette réalité et nous dire adieu. Voilà donc comment nous avons perdu notre frère* » (Monsieur G.D, transporteur, résidant au quartier Korialen).

De l'opinion de plusieurs habitants de Kankan, le Corona virus n'est pas une maladie nouvelle. La population compare la Covid-19 à une espèce de grippe qui a sévi dans la ville entre 2018 et début 2019. Cette grippe était très contagieuse, elle pouvait durer jusqu'à deux mois. Et pourtant, elle n'a pas fait de victime.

De surcroit, en consultant les statistiques de la Guinée (nombre de morts par rapport au nombre de personnes infectées)[5], les habitants de Kankan estiment qu'il y a beaucoup plus de cas de mort dans notre pays. Ce qui les conduit à affirmer que la Covid-19 n'est pas une maladie africaine. Cette opinion met en exergue la résistance naturelle des africains face à cette pandémie.

La population juvénile quant à elle, considère qu'elle n'a pas à paniquer, car la Covid-19 est une maladie de vieilles personnes (*möbakôrö djankaro*). En outre, elle pense que le corona virus est une maladie des grandes personnalités (*möba djankaro*). Cette assertion est confirmée par le fait que les premiers cas de contamination ont été déclarés sur des Ministres, des hommes d'Etat et des hommes d'affaires : Le Président de la Commission Electorale Nationale Indépendante (CENI), la Présidente du Conseil

---

[5] Les statistiques de l'ANSS faisant mention de 81 cas de décès contre 14 375 cas confirmés, le 25 janvier 2021.

Economique et Social (CES), le Ministre-Secrétaire Général à la Présidence et même le Directeur de l'Agence Nationale de la Sécurité Sanitaire (ANSS), chargé de la riposte contre la Covid-19. Autre opinion qui s'inscrit dans ce cadre est que la Covid-19 n'a jamais attaqué une personne dépourvue de moyen financier. Elle a toujours attaqué ou infecté les personnes possédant de grands moyens, c'est-à-dire des nantis.

Somparé, A.W (2020.20-21) note que la Covid-19 a touché en Guinée de grandes personnalités, notamment le président de la CENI (Commission électorale nationale indépendante), le Ministre de la jeunesse, le Ministre-secrétaire général à la présidence et même le tout-puissant coordinateur de la riposte pendant Ebola, Dr Sakoba Keita[6]. La contamination de plusieurs grandes personnalités risque de rendre la propagation de l'épidémie plus rapide pour plusieurs raisons. Rappelons-nous qu'il s'agit de personnalité publique qui fréquentent des lieux tels que la salle de réunion ou de conférence. Tel a été d'ailleurs le cas de Mme Rabiatou Serah Diallo, Présidente du Conseil économique et social, qui avait tenu une conférence dès son retour d'une mission en France. Au cours de cette conférence il y avait plusieurs personnes, parmi lesquelles les journalistes : l'un d'entre eux a été d'ailleurs contaminé à cette occasion.

Ces personnalités disposent également de plusieurs collaborateurs au sein de leurs services, qui relèvent d'elles et qui entretiennent avec elles des rapports étroits. De plus, ces personnalités détentrices de pouvoir et de moyens financiers sont très sollicitées, dans un contexte de pauvreté, où beaucoup de gens se présentent dans les salles d'attente de leurs services sans avoir forcément rendez-vous. Elles sont également très sollicitées dans les cérémonies sociales, au cœur desquelles on les place comme des parrains et des marraines. Ces principaux donneurs de la solidarité verticale familiale et sociale ont également beaucoup de dépendants à leurs domiciles qui sont très fréquentés. Sans perler du personnel du service (cuisinières, boys, chauffeurs, gardiens, répétiteurs ou maîtres coraniques pour les enfants), de nombreux jeunes membres de la famille et des parents sans moyens, notamment ceux qui tombent malade au village, tendent à graviter au tour de ces chefs de famille plus nantis. Or, toutes ces réalités constituent des facteurs de propagation rapide de l'épidémie et de difficulté de repérage des contacts. Ce qui est frappant et regrettable, après avoir remarqué les profils sociologiques des premiers contaminés de l'élite cosmopolite de la Guinée, il n'ya pas eu une stratégie épidémiologique avec les messages de communication adaptés à ces réalités. Par contre, ces membres de l'élite malades, habitués à se soigner à l'étranger, ont certainement exprimé des réticences ou des résistances contre les conditions de quarantaine des centres de traitement de coronavirus, en préférant la discrétion d'un confinement et des soins à domicile.

---

[6] Actuel Directeur de l'Agence nationale de sécurité sanitaire (ANSS), chargé de la riposte contre la Covid-19.

V. Reaction et attitude face a la crise du Covid19 : Reticence et resistance

Piéron H. (1968) défini la réticence comme une conduite de dissimulation d'idées délirantes alliées à un désir de laisser entendre ce que ne pourraient exprimer les paroles. Sous-tendue par de l'angoisse et par le désir ambivalent d'exprimer et de dissimuler.

Pour Somparé, A.W. (2020), la réticence est une espèce de défense de la tradition dans un contexte postcolonial. Pour cet auteur, la salutation est le premier thermomètre du lien social qui cautionne la relation entre deux individus : C'est pourquoi deux personnes qui ne s'entendent pas éviteront de se saluer en se serrant la main. C'est à l'occasion de la salutation que les deux interlocuteurs cherchent à connaître leurs problèmes et ceux de leurs familles : d'où les salutations très longues où les individus sont tous imprégnés du lien social.

Certains habitants pensent que tous les patients ne présentent pas les mêmes symptômes ou que la Covid-19 se présente de plusieurs manières chez les patients et qu'il y a en même qui ne présentent aucun signe, il y a lieu de refuser de se présenter dans un centre de santé de peur d'être futilement déclarés positifs.

L'une des réactions des populations face à l'annonce de la Covid-19 s'appui sur l'expérience de la période d'Ebola. L'opinion publique atteste que l'épidémie (ou les moyens de riposte à l'épidémie) d'Ebola a été une occasion d'enrichissement pour les autorités politiques et sanitaires. De surcroit, l'opinion qui se dégage est que Ebola ne peut sévir que dans les zones humides ; Ce virus ne peut pas être virulent en Haute Guinée où il fait chaud : *télé da makossa* (le soleil va l'écraser). C'est la même perception concernant l'existence de la maladie à Corona virus qui, même si elle existe, ne peut pas résister devant le Soleil ou la température de Kankan. C'est là une véritable dénégation.

En conséquence, l'annonce de la pandémie Covid-19 servirait les mêmes causes, à savoir l'enrichissement pour les médecins.

La population reproche également au gouvernement guinéen d'avoir pris tardivement des mesures préventives, notamment la fermeture de l'espace aérien. L'avion qui a atterri le 26 mars 2020 à l'Aéroport Gbéssia est pointé du doigt par les populations comme celui qui a aggravé la propagation de la maladie à coronavirus en Guinée, en transportant sur le sol guinéen des passagers venus des pays affectés par la pandémie. Le laxisme des dirigeants, qui consiste à permettre le retour sur le sol guinéen des Ministres, des commerçants et autres hommes d'affaires en provenance des pays affectés par cette pandémie est considéré par les guinéens comme facteurs ayant favorisé la propagation de la maladie.

Le même reproche est fait par les citoyens de la ville de Kankan aux autorités administratives, aux services de la sécurité routière et aux transporteurs.

Les premiers sont reprochés de légèreté dans l'application des mesures de confinement de la capitale, en autorisant la sortie de certaines personnes vers l'intérieur du pays.

Les seconds (considérés comme corrompus) et les transporteurs (corrupteurs) favorisaient la sortie des citoyens de Conakry, épicentre de la pandémique, vers l'intérieur du pays, occasionnant ainsi la propagation de la maladie à l'intérieur du pays. Des transporteurs qui donnaient de l'argent pour traverser les barrages, avec leur véhicule plein de passagers, ou qui contournaient ces barrages pour se rendre à l'intérieur du pays.

VI. Conclusion

Le coronavirus a suscité un sentiment de peur, d'anxiété et de panique partout en Guinée. Elle a provoqué un état de crise sanitaire, économique et psychologique au niveau de toutes les populations guinéennes. Mais si le pays a été ébranlé, il n'est pas non plus vaincu.

Fort de ses expériences de gestion de crise pandémique liée à Ebola, le gouvernement guinéen, avec l'appui des partenaires et des institutions internationales, a vite mis en place des mesures et moyens de riposte contre le corona virus.

Les mesures sanitaires et autres restrictions prises pour lutter contre la propagation de la pandémie se sont avérées très contraignantes aux yeux des populations, surtout en zones urbaines.

Des perceptions et représentations sociales ont été développées ça et là par les citoyens, depuis la capitale jusque dans les provinces. Ces perceptions et représentations ont fait la Covid-19 une maladie inventée, puis divine, avant de lui donner une connotation politique, économique et sanitaire.

Du déni à la dénégation, en passant par la réticence et la résistance, voilà l'histoire psychologique de la Covid-19 à Kankan.

L'article arrive à la conclusion que la perception et les représentations ont un fort sur les attitudes et les réactions des personnes vis-à-vis de la Covid-19. Celles-ci sont alimentées par, d'une part, par la culture, la religion, l'ignorance, l'analphabétisme et la pauvreté, et d'autre part, par le climat de méfiance entre gouvernants et gouvernés. La mauvaise gouvernance est un facteur de suspicion qui amène les populations à douter des déclarations publiques.

La réticence et la résistance, fruits du déni et de la dénégation sont des déterminants qui favorisent la propagation de la Covid-19.

En fin, retenons que la propagation d'une épidémie ou d'une pandémie est le résultat de la résistance ou du refus du changement de comportement et de la promotion des comportements sains.

L'article recommande des séries d'information et de sensibilisation sur la Covid-19, en matière de prévention et de prise en charge des malades de cette pandémie.

BIBLIOGRAPHIE

Cantrelle P. et Locoh T. (1990). « *Facteurs culturels et sociaux de la santé en Afrique de l'ouest* », les dossiers du CEPED, janvier, p.1-41(en ligne).

Habitat infos. Covid-19. « *La Guinée ébranlée mais pas vaincue !* », numéro spécial consacré au Covid-19 en Guinée, n°003, septembre 2020, p.1-23 (en ligne)

Markova I. (2004). « *Langage et communication en psychologie sociale : dialoguer dans les focus groups* », Bulletin de psychologie, Tome 57 (3) N°471, P 231-236.

Piéron H. (1968). *Dictionnaire de psychologie*, PUF, Paris, France

Somparé A.W. (2020). *L'énigme d'Ebola en Guinée. Une étude socio-anthropologique des réticences*, l'Harmattan, Paris, France.

Sénégal : perception des populations sur la crise psychosociale et socio-économique due à la pandémie de COVID-19

Senegal: Perception of populations on the psychosocial and socio-economic crisis due to the COVID-19 pandemic

Mamadou Aguibou Diallo

Université Assane Seck de Ziguinchor, U.F.R. des Sciences Economiques et Sociales, Département de Sociologie, Ziguinchor, Sénégal, madiallo@univ-zig.sn

Cheikh Tidiane Wade

Université Assane Seck de Ziguinchor, U.F.R. des Sciences et Technologies, Département de Géographie, Ziguinchor, Sénégal, cheikh-tidiane.wade@univ-zig.sn

Cheikh Faye

Université Assane Seck de Ziguinchor, U.F.R. des Sciences et Technologies, Département de Géographie, Ziguinchor, Sénégal, cheikh.faye@univ-zig.sn

Résumé : En 2020, le coronavirus (SARS-COV2) apparu en Chine s'est très vite propagé pour devenir une pandémie aux conséquences socio-économiques, psychologiques et sanitaires très considérables. Au Sénégal, la situation de la pandémie COVID-19, l'intensité de la maladie, la faiblesse des installations de soins de santé, l'ignorance et la désinformation ont conduit la population à la peur et à l'anxiété. Cet article vise à connaître la perception des populations sur la crise psychosociale, socio-économique et environnementale relevant de la pandémie. L'enquête quantitative à l'échelle nationale auprès de 540 individus montre des résultats qui font état d'une peur généralisée de la COVID-19 avec des perceptions alarmantes concernant l'impact de la maladie sur les activités économiques et les relations sociales.

Mots-clés : COVID-19, perception, panique sociale, crise économique, Sénégal

Abstract: In 2020, the coronavirus (SARS-COV2) that appeared in China spread very quickly and became a pandemic with very significant socio-economic, psychological and health consequences.

In Senegal, the situation of the COVID-19 pandemic, the intensity of the disease, the weakness of health care services, ignorance and misinformation have led the population to fear and anxiety. This article aims to understand the public perception of the psychosocial, socio-economic and environmental crisis of the pandemic. The national quantitative survey of 540 individuals shows evidence of widespread fear of COVID-19 with alarming perceptions of the impact of the disease on economic activities and social relations.

Keywords: COVID-19, perception, social panic, economic crisis, Senegal

I. INTRODUCTION

Au niveau mondial, l'année 2020 peut être considérée comme exceptionnelle en raison de l'apparition du coronavirus (COVID-19) et de ses multiples effets sur l'économie et la société. En effet, parti de Wuhan en Chine (décembre 2019), le virus SARS-COV2 s'est répandu dans le monde entier causant des dégâts sur les plans sanitaire, économique, et psychosociologique et annonçant un avenir incertain qui oblige de repenser notre façon de faire l'économie (Ragot, 2020) et notre quotidien.

Au Sénégal, l'arrivée et l'expansion de la COVID-19 dès le mois de mars 2020 et durant toute l'année, a fortement impacté les relations sociales (Faye, 2020), les activités socio-économiques (Sène, 2020) mais aussi les attitudes et les comportements de populations et des agents de santé (Sougou et al, 2020). De même, sur le plan institutionnel, la communication (Faye et Diatta, 2020) autour de la maladie (contamination, létalité, gravité), la nature inédite de la riposte marquée par un couvre-feu, un état d'urgence (Diouf, 2020) et des violences, le manque de préparation du système de santé (Sokhna, 2020), les ressources financières (budget de 1000 milliards de FCFA) et humaines mobilisées (agents de santé, acteurs sociocommunautaires, socio anthropologues, épidémiologistes, élus locaux) ont fini par affecter les certitudes, les croyances et les perceptions au niveau individuel et collectif. De même, les chiffes du Ministère de la Santé et de l'Action Sociale sur l'évolution de la maladie (nombre de cas et nombre de décès par jour), les doutes et inquiétudes sociales amplifiés par les médias et les autorités publiques en charge de la riposte ont contribué à installer une certaine peur (coronaphobie) autour de la COVID-19.

Concernant les médias, les unes des journaux suivants sont révélatrices d'une information axée sur la psychose :

- « Covid-19- hausse des cas de décès : juin mortel « (le quotidien du 17 juin 2020)
- « A presque 7000 cas, le pire guette le Sénégal : Attention ! Attention ! Attention ! » (Tribune du 24 juin 2020)
- « Flambée des contaminations et des décès liés à la Covid-19 au Sénégal : 11 morts et 339 cas en 72 heures » (Libération du 02 juillet 2020)
- « Gestion du coronavirus : capitulation et opacité » (Enquête du 27 juin 2020)
- « Covid-19 se propage dangeureusement au Sénégal avec son lot de morts : la barre des 2000 cas actifs franchis » (Libération du 27 juin 2020)
- « Les trois pouvoirs succombent à la Covid » (Direct News 03 juillet 2020)
- « Ces chiffres qui confirment la situation alarmante » (Vox Populi du 03 juillet 2020)

En outre, cette inquiétude trouve sa légitimité dans la gestion (Diouf et al, 2020) de la pandémie et surtout à partir du moment où le gouvernement sénégalais a décidé le 11 mai 2020, d'atténuer les mesures restrictives en termes de mobilité, d'exercice d'activités socioéconomiques, de rassemblement,… et de miser sur l'immunité collective. En effet, après deux mois de couvre-feu et d'Etat-d 'urgence, le chef de l'Etat a décidé d'assouplir les horaires du couvre-feu, d'autoriser l'ouverture continue des marchés restaurants, lieux de cultes, écoles et universités[1] malgré un tableau épidémiologique incertain. Ce « deconfinement » a pour but de « sauver l'économie » et s'adapter aux réalités socioéconomiques du pays, car un confinement prolongé risque d'avoir des conséquences économiques difficilement soutenables pour les ménages et le pays.

Toutefois, sur le plan épidémiologique, comme le montre la figure 1 suivante, la baisse de contamination n'est réellement observable qu'à partir de mi-aout 2020.

[1] Voir Message à la Nation du Président Macky Sall, dans le cadre de la lutte contre la maladie à coronavirus COVID-19 prononcé le 11 mai 2020 et consulté le 04 février 2021 sur le lien suivant : http://www.presidence.sn/actualites/message-a-la-nation-du-president-macky-sall-dans-le-cadre-de-la-lutte-contre-la-maladie-a-coronavirus-covid-19_2016

Figure 1. Évolution des cas de COVID-19 au Sénégal entre 1er mars 2020 et 02 février 2021

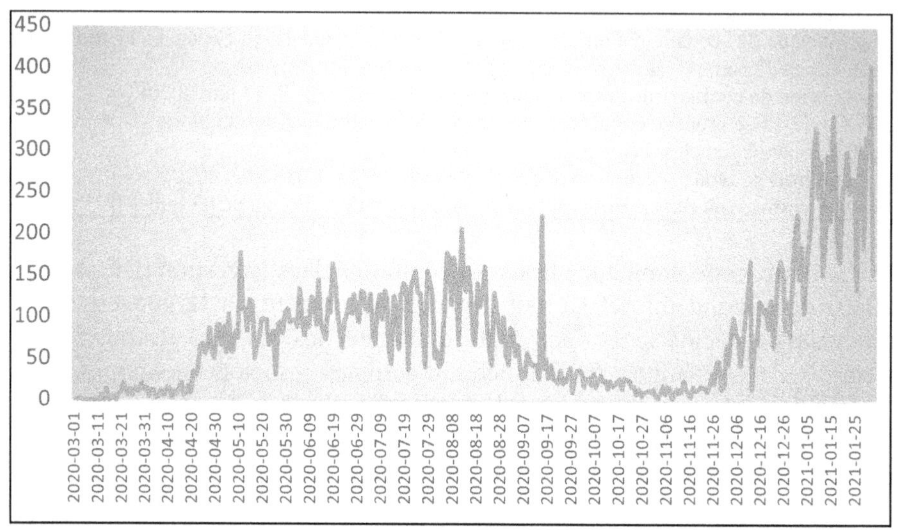

Source : Données compilées du MSAS (février 2020)

De même, la courbe des décès (figure 2) quotidiens ne baisse pas fondamentalement avant fin aout 2020.

Figure 2. Évolution des décès de COVID-19 au Sénégal entre 1er mars 2020 et 02 février 2021

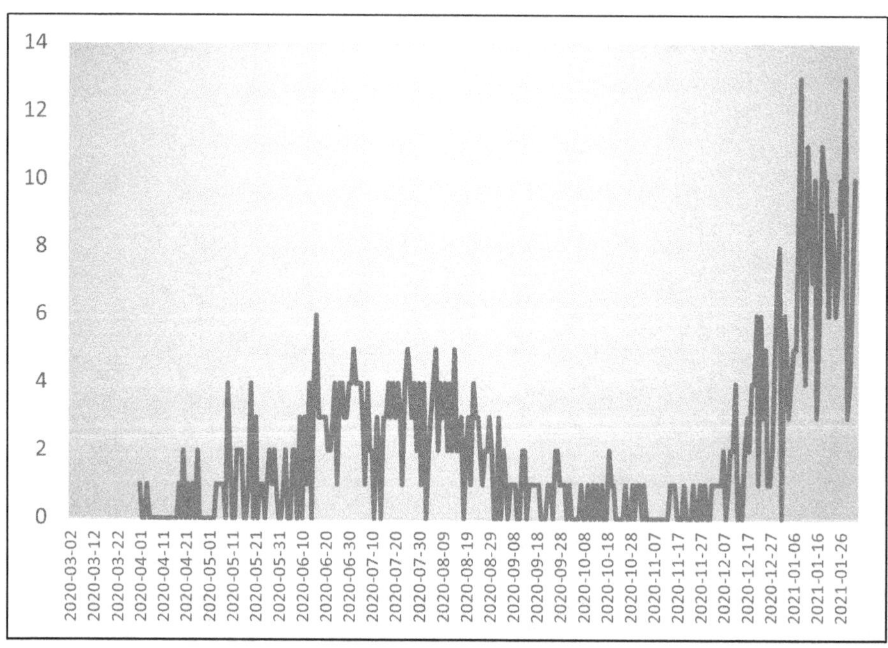

Source : Données compilées du MSAS (février 2020)

Globalement, l'allure des courbes les deux figures précendentes montrent une certaine corrélation entre le nombre de cas et le nombre de décès. Autrement dit, plus les cas positifs augmentent, plus les cas de décès augmentent. Toutefois, il faut relativiser ces données qu'on peut qualifier de sous-estimées en raison de l'insuffisance des laboratoires d'analyse agréés (Institut Pasteur de Dakar et Institut de Recherche en Santé, de Surveillance Épidémiologique et de Formation) et la faiblesse du nombre de tests (environ 2% de la population)[2].

Ces onze derniers mois (mars 2020-février 2021), la situation épidémiologique montre une répartition et une évolution des cas de COVID-19 (figure 1) assez inquiétante surtout en raison de la multiplication des cas dits communautaires.

Cette étude s'intéresse à la perception des populations sénégalaises sur la crise psychosociale et socio-économique relevant de la pandémie de la COVID-19. Elle tente d'apporter des réponses aux questions suivantes : comment certains sénégalais perçoivent-ils l'évolution de la maladie à coronavirus ? Quels effets redoutent-ils sur le plan socio sanitaire et socioéconomique?

II. Methodologie

La méthodologie utilisée combine l'approche qualitative et quantitative.

Le volet quantitatif, est basé sur une enquête par questionnaire à l'échelle nationale auprès de 450 individus. Les données ont été recueillies lors de la première vague, au début juin 2020 soit trois semaines avant la levée de l'Etat d'urgence. L'enquête est effectuée en ligne par l'envoi du lien de Google formulaire qui contenait le questionnaire. L'échantillonnage adopté est celle dit de réseau. En effet, nous avons ciblé des connaissances qui nous ont mis en contact avec des personnes de leurs réseaux.

Nous connaissons les limites de l'échantillonnage par réseau pour ce qui concerne la représentativité, mais l'idée dans étude n'est pas de généraliser mais de collecter et analyser des données pour mettre en relief les perceptions et inquiétudes induites par la COVID-19.

L'analyse et le traitement des données quantitatives a été effectué par le moyen du logiciel SPSS. Ce logiciel nous a permis de repérer et traiter les doublons et les données manquantes mais aussi les informations incohérentes dans la base de données.

Par ailleurs, des données secondaires de l'Agence Nationale de Statistique et de Démographie (ANSD), du Ministère de la Santé et de l'Action Sociale (MSAS) ainsi que d'autres organismes ont été mobilisées

---

[2] A la date du 08 février 2021, le Sénégal a effectué 345,555 sur une population estimée de 17,007,673 personnes.

pour montrer l'évolution de la maladie et l'impact de la COVID-19 sur les ressources du ménage et le bien dans celui-ci.

Pour le volet qualitatif, nous avons sollicité les informations de la presse locale et notamment les titres des quotidiens de la presse écrite nationale. L'objectif avec les titres de journaux est de montrer les facteurs de peur et d'inquiètes dans l'information et la communication de masse.

III. Resultats et discussions

Les informations collectées montrent une configuration sociodémographique assez intéressante de notre échantillon. 346 hommes contre 92 femmes ont été interrogés. L'Age moyen des enquêtés est de 36 ans. Les personnes qui ont répondu à notre questionnaire sont globalement scolarisées et plus de la moitié (53%) ont le statut de cadres des professions intellectuelles et des employés (du privé ou de l'administration publique) (tableau 1).

Tableau 1. Situation socioéconomique des personnes interrogées

Résidence	**N**	**%**	**Sexe**	**N**	**%**	**Profession**	**N**	**%**
Ziguinchor	58	12,9	Homme	346	79,0	Artisan	0	0,0
Dakar	210	46,8	Femme	92	21,0	Cadres de professions intellectuels supérieurs	123	27,8
Saint Louis	39	8,7	Total	438	100	Employés (du privé ou de l'administration publique)	111	25,1
Tambacounda	5	1,1				Ouvriers	1	0,2
Thiès	44	9,8				Inactifs et chômeurs	9	2,0
Kaolack	19	4,2				Chefs d'entreprises	8	1,8
Diourbel	18	4,0				Commerçants	5	1,1
Louga	16	3,6	**Age**	N	%	Agriculteurs	4	0,9
Matam	8	1,8	Moins de 20 ans	3	0,7	Etudiants / élèves	138	31,2
Fatick	6	1,3	20-30 ans	160	35,9	Autres	44	9,9
Kaffrine	4	0,9	31-40 ans	148	33,2	Total	443	100
Sédhiou	5	1,1	41-50 ans	89	20,0			
Kédougou	8	1,8	51-60 ans	24	5,4	**Revenus mensuels**	**N**	**%**
Kolda	9	2,0	Plus de 60 ans	22	4,9	Moins de 50000	98	23,6
Total	449	100	Total	446	100	50000. 149000	67	16,1
Les autres activités tournent autour de : Prestataires de service ; Ménagères ; Consultants ; Enquêteurs (collecteur de données) ; Enseignants ; Assistants de recherche ; Infirmiers…. Pour cette partie, certaines personnes interrogées n'ont pas donné de réponses sur certaines questions, ce qui fait que les totaux sont inférieurs à la taille de l'échantillon qui est de 447.						150000. 249000	48	11,6
						250000. 349000	53	12,8
						350000. 449000	36	8,7
						450000. 549000	18	4,3
						550000. 649000	12	2,9
						650000 et plus	83	20,0
						Total	415	100

III.1. Peurs et inquiétudes sur la COVID-19 au Sénégal

La crise que nous connaissons a un impact considérable sur la situation économique, sociale, ou encore environnementale, des populations. La

COVID-19 fait plus peur que les maladies chroniques (maladies cardio-vasculaires, cancers, diabète) qui pourtant sont responsables de près des trois quarts des décès dans le monde. En effet, la peur et l'incertitude sont des réponses naturelles au *coronavirus*. Chaque jour, les populations s'inquiètent de l'apparition, de nouveaux cas qui viennent allonger la liste de personnes contaminées à la maladie du coronavirus.

Les résultats que nous présentons et analysons dans cette partie portent sur les perceptions des enquêtés sur leurs inquiétudes par rapport à l'évolution de la maladie à coronavirus. Les données permettent de saisir les inquiétudes liées aux effets du coronavirus sur les activités socioéconomiques, la vie au quotidien, les relations sociales mais aussi les perceptions des citoyens quant à la gouvernance et gestion de la pandémie de la COVID-19 au Sénégal.

La vitesse de la contamination du coronavirus, la gravité des cas, la mortalité, le fort taux d'occupation des lits, le déficit de respirateurs et de lits équipés, l'absence de vaccin et de traitement,… a suscité au niveau mondial une psychose et parfois de la panique.

Au Sénégal, le discours suivant du Président de la République teinté de solennité, d'inquiétudes et de fermeté ouvre la voie à une stratégie de riposte fondée sur la peur et l'inquiétude.

> L'épidémie qui était confinée à un seul foyer s'est étendue à d'autres localités du pays. C'est dire que le virus gagne du terrain. J'ajoute qu'à ce jour, il n'y a ni vaccin, ni médicament homologué contre le COVID-19. Ce soir, mes chers compatriotes, et je vous le dis avec solennité, l'heure est grave.
>
> La vitesse de progression de la maladie nous impose de relever le niveau de la riposte. A défaut, nous courons un sérieux risque de calamité publique. En conséquence, en vertu de l'article 69 de la Constitution et de la loi 69-29 du 29 avril 1969, à compter de ce soir à minuit, je déclare l'état d'urgence sur l'étendue du territoire national.
>
> Discours du Président Macky SALL le 23 mars 2020[3]

En effet, au niveau national, la déclaration de l'état d'urgence assorti d'un couvre-feu et des restrictions sur les plans de la mobilité et des activités socio-économiques illustre bien la volonté du gouvernement de d'atteindre la psychologie collective pour maitriser la contamination et la propagation.

Dans cette étude, les données recueillies (tableau 2)[4] montrent que près de huit personnes interrogées sur dix affirment avoir peur de contracter de la COVID-19, de perdre la vie ou celle des proches. Ces individus sont d'accord pour affirmer que l'apparition de la COVID-19 au Sénégal a installé une crainte légitime chez les populations interrogées. La peur de perdre la vie ou celle d'un proche du fait de cette pandémie reste un

---

[3] Discours radiotélévisé du Président Maky SALL consulté le 06 février 2021 sur : http://www.presidence.sn/actualites/declaration-detat-durgence-dans-le-cadre-de-la-lutte-contre-la-maladie-a-coronavirus-covid-19_1996

[4] Pour faciliter la compréhension de la lecture, nous avons agrégé les données des colonnes d'accord et Tout à fait d'accord.

sentiment très largement partagé par les personnes interrogées. De plus, 62,67% des populations interrogées sont d'accord que cette peur de la pandémie est amplifiée par toutes les nouvelles (létalité, confinement, violences policières) et les chiffres de la maladie relayés dans les différents médias (58,67%). Pourtant, il est conseillé aux populations de ne pas céder à la peur en dépit de la propagation du coronavirus dans plusieurs localités du pays et de l'allègement de certaines mesures. En lieu et place des inquiétudes, on doit miser sur la prévention, le respect des gestes barrières.

Tableau 2. Perception des populations sur les conditions individuelles de santé mentale (en pourcentage)

Inquiétudes	Pas du tout d'accord	Pas d'accord	Ni d'accord ni en désaccord	D'accord	Tout à fait d'accord	Total
Je crains surtout la récente apparition de coronavirus (COVID-19) au Sénégal	0	5,11	9,78	**45,56**	36,67	100
J'ai peur de contracter la maladie à coronavirus (COVID-19)	2,67	5,78	9,78	**44,67**	37,11	100
J'ai peur de perdre la vie ou celle de mes proches à cause de cette pandémie	2	7,56	8,22	40,67	**41,56**	100
Toutes les nouvelles et les chiffres de COVID-19 dans les différents médias augmentent ma peur	7,56	16,22	17,56	**33,78**	24,89	100

Source : enquête personnelle, juin 2020

Dans le contexte du verrouillage de la pandémie du coronavirus, le Sénégal a également été confronté à d'autres moments de panique, de stigmatisation sociale et de peur. Des protestations publiques ont été observées dans de nombreux endroits contre la mise en place d'installations de centres de quarantaine ou de traitement des épidémies (ce fut le cas à Bambey). L'humiliation sociale aussi était un scénario courant pratiqué par les autorités chargées de l'application de la loi (policiers et gendarmes). En outre, certaines personnes ont refusé l'enterrement de morts de COVID-19 dans les cimetières locaux[5]. Ce scénario illustre parfaitement l'anxiété de la population qui doit être immédiatement traitée par le gouvernement et les groupes d'alliance, avec les informations appropriées. De plus, les tensions religieuses, les tensions personnelles sur l'insécurité de l'emploi, les pertes financières, l'insécurité sociale peuvent pousser les gens à se suicider (Hsu et al., 2020).

[5] Au début de la pandémie, des populations de la banlieue dakaroise (Diamaguène Sicap-Mbao) se sont opposées à l'inhumation d'un décès lié au coronavirus et se sont attaquées aux équipes de la Croix-Rouge qui transportaient la dépouille. Source : https://www.seneweb.com/news/Societe/diameguene-sicap-mbao-la-population-sacc_n_319001.html

III.2. Inquiétudes sur les effets psychosociales et socio-économiques de la COVID-19

Le Sénégal comme de nombreux pays africains touchés par la nouvelle maladie à coronavirus, subissent déjà des crises humanitaires qui risquent de s'aggraver en raison du ralentissement ou de l'arrêt des activités socioéconomiques. En effet, la fermeture des marchés, de certaines entreprises et la limitation de la mobilité entre les villes aura, selon 92,89% des personnes interrogées un impact économique et social sur la vie des Sénégalais à l'avenir. Aussi, pour 96% de l'échantillon, la pandémie de la COVID-19 va entraver les activités formelles et informelles. A ce niveau, l'enquête de l'Agence Nationale de Statistique et de Démographique (ANDS) portant sur le suivi de l'impact de la COVID-19 sur les unités de production informelles (UPI) non agricoles[6], révèle que ces unités sont confrontées à une baisse de leurs activités due à un fléchissement du chiffre d'affaires. Les unités du secteur des services autre que le commerce, sont les plus touchées par la fermeture temporaire ou définitive (ANSD, août 2020). Aussi, les impacts négatifs de la COVID-19 sur le secteur économique sont confirmés par l'étude dénommée « *Aar Sunu Kom Kom* » menée par l'Agence de Développement et d'Encadrement des Petites et Moyennes Entreprises (ADPME) sur plus de 830 entreprises réparties sur le l'ensemble du territoire national. Selon cette étude, la crise causée par la pandémie de COVID-19 affecte environ 90% des Petites et Moyennes Entreprises (PME) sénégalaises. En effet, 64.05% des PME disent avoir perdu entre 60 et 100% de leur chiffre d'affaires (donc très négativement touchés), alors que 24.66% disent avoir connu une perte de 30% au plus de leur chiffre d'affaires (c'est-à-dire négativement impactés). Aussi la crise sanitaire a eu un impact significatif sur l'activité des entreprises industrielles. En effet, 92,5% des entreprises interrogées dans le cadre d'une étude déroulée par l'ANSD[7], ont déclaré avoir été impactées par la Covid-19 (ANSD, novembre 2020).Par ailleurs, pour près de l'ensemble de nos enquêtés (95,78%) (Tableau 3), du fait du verrouillage et de l'arrêt des activités quotidiennes, les personnes pauvres vivant au jour le jour seront très impactées par la COVID-19 et de nombreuses personnes vont perdre leur gagne-pain/emploi (comme l'indiquent 38,44% qui sont d'accord et 51,56% qui sont tout d'accord).

---

[6] Les données proviennent d'une enquête téléphonique conçue par un Groupe de Travail regroupant l'ANSD, la Banque mondiale, le BIT, le PNUD et la DGPPE. L'enquête estime le nombre des UPI non agricoles opérant dans un local professionnel et possédant un numéro de téléphone à près de 284000. Source : ANSD, consulté le 02 février 2020, http://www.ansd.sn/ressources/publications/Rapport_UPI_Round1_VF.pdf

[7] L'étude a été menée sur un échantillon de 125 entreprises représentatif du secteur industriel tiré suivant une méthode non probabiliste (choix raisonné) à partir de la base de sondage du Centre unique de Collecte d'Information (CUCI) de l'ANSD.

Tableau 3. Questions socio-économiques et pandémie de la COVID-19 (en pourcentage)

Effets des mesures de lutte contre la COVID-19	Pas du tout d'accord	Pas d'accord	Ni d'accord ni en désaccord	D'accord	Tout à fait d'accord	Total
Les activités formelles et informelles seront entravées par la COVID-19	0,44	1,11	2,44	**44,67**	**51,33**	100
Les personnes pauvres vivant au jour le jour seront très impactées par la COVID-19	0,89	0,67	2,67	**21,11**	**74,67**	100
De nombreuses personnes vont perdre leur gagne-pain/emploi	0	3,33	6,67	**38,44**	**51,56**	100
Il y aura moins d'approvisionnement en produits de première nécessité	1,78	11,11	20,44	**42**	**24,67**	100
Le prix de la plupart des produits de base sera plus élevé que d'habitude	3,33	11,11	23,56	**38,67**	**23,33**	100
Les pauvres souffriront de carences alimentaires et nutritionnelles	2,44	7,56	14,89	**41,11**	**34**	100

Source : enquête personnelle, juin 2020

Selon une enquête de l'ANSD effectué deux mois après le premier du coronavirus, 85% des ménages affirment subir une baisse de leurs revenus surtout ceux provenant des entreprises familiales non agricoles et de transferts privés à l'endroit des ménages (ANSD, juillet, 2020)[8].

La baisse de revenus des individus et des ménages inquiète nos enquêtés. En effet, près de six personnes sur dix pensent qu'il y'aura moins d'approvisionnement en produits de première nécessité et les prix de la plupart des produits de base sera plus élevé que d'habitude,

Pour éviter toute inflation ou la famine, le gouvernement a pris des mesures distribution de denrées alimentaires pour enrayer cette hausse pour éviter aux populations les plus pauvres de souffrir de carences alimentaires et nutritionnelles comme le craint 75,11% des individus.

Selon l'ANSD, l'impact des mesures de lutte contre la propagation de la COVID-19 a fait remonter les prix à la consommation à 1,1% au mois d'avril 2020 contre 0,1% au mois de mars 2020 (ANSD, 2020). « Cette évolution résulte principalement d'un accroissement des prix des services de transports (+2,3%) et des produits alimentaires et boissons non alcoolisées (+1,8%), dû à l'impact des mesures de lutte contre la propagation de la COVID-19 » (ANSD, 2020).

III.3. Questions émergentes immédiates liées à la COVID-19

Un ensemble de questions émergentes immédiates accompagnent la COVID-19 au Sénégal. En fait, aujourd'hui, avec l'assouplissement des

[8] Cette enquête de l'ANSD a été réalisée auprès de 1.220 ménages du 03 juin au 19 juillet 2020. L'échantillon, représentatif au niveau national, est basé sur l'Enquête Harmonisée sur les Conditions de Vie des Ménages (EHCVM) de 2018/19. Source l'ANSD consulté le 07 février 2021 sur le lien suivant :
http://www.ansd.sn/ressources/publications/Rapport_mensuel_HFMSWE.pdf

mesures et la réouverture des commerces, des lieux de culte et surtout du transport interurbain, il y a une chance de transmission communautaire à grande échelle de la COVID-19 comme l'imaginent 72,89% des enquêtés.

L'étude des perceptions et de représentations de l'évolution du coronavirus montre que nos enquêtés sont très pessimistes (tableau 3).

Pour de la moitié des répondants (55,44%), avec le temps et la propagation du virus, un grand nombre important de personnes seront infectées et le taux de mortalité va augmenter du fait du déficit de structures sanitaires appropriées ayant un plateau technique et des ressources humaines de qualité[9] (83,78%).

Tableau 3. Questions émergentes immédiates et pandémie de la COVID-19 (en pourcentage)

Effets de la COVID-19	Pas du tout d'accord	Pas d'accord	Ni d'accord ni en désaccord	D'accord	Tout à fait d'accord	Total
Il y a une chance de transmission communautaire à grande échelle de la COVID- 19 au Sénégal	1,78	7,33	18	**45,33**	**27,56**	100
Un grand nombre de personnes seront infectées	3,11	10,67	31,78	**38**	**16,44**	100
Il est possible de ne pas détecter la plupart des patients infectés en raison de l'insuffisance de centres de dépistage	0,22	6,22	9,78	**46,89**	**36,89**	100
Le nombre de décès dus à l'absence de structures sanitaires appropriées risque d'augmenter	2,22	9,56	17,11	**46,67**	**24,44**	100
De nombreuses personnes seront sous le choc psychosocial du fait de la pandémie	1,11	5,33	13,33	**52,67**	**27,56**	100

Source : enquête personnelle, juin 2020

Aussi, les enquêtés pensent qu'il y a une chance de transmission communautaire à grande échelle (72,86%). Enfin, 52,67% et 27,56% des personnes interrogées sont respectivement d'accord et fortement d'accord que de nombreuses personnes seront sous le choc psycho-social du fait de la pandémie.

Depuis, l'apparition du SARS-COV2 au Sénégal, les chiffres du MSA (12 500 cas), une analyse épidémiologique et socio-anthropologique montre une propagation massive de la contamination communautaire. Cependant, presque tous les districts sanitaires ont enregistré des cas. Près d'un an après la détection du virus, 27080 cas ont été enregistrés positifs dont 22363 guéris, 641 décès[10]. Les régions de Dakar (7488 cas positifs), Thiès (3103

---

[9] Agence Nationale de Statistique et de démographie (ANSD), Disponibilité des services de soins de santé au Sénégal, note de synthèse N°4, mai 2020

[10] MSAS, communiqué n°338 du 02 février 2021.

cas), Diourbel (1412 cas positifs) et Kaolack (1055 cas positifs) sont les territoires qui ont registré le plus de cas positifs (voir carte 1).

Carte 1. Nombre de cas positifs par région au Sénégal entre mars 2020 et 02 février 2021

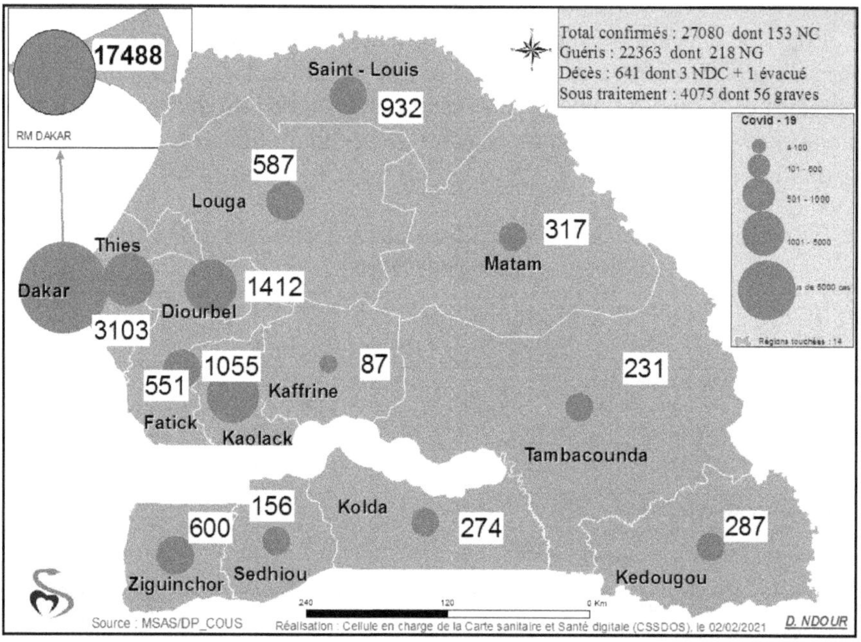

III.4. Questions émergentes persistantes liées à la COVID-19

Tout comme les questions émergentes immédiates, un ensemble de questions émergentes persistantes accompagnent la COVID-19 au Sénégal (Tableau 4). En effet, la possibilité de catastrophe induite par le climat pendant ou après la pandémie reste réelle, ce qui créera une grave insécurité alimentaire. D'ailleurs, 32% et 11,78% des personnes interrogées sont respectivement d'accord et fortement d'accord qu'il existe un risque de catastrophe comme une inondation, une sécheresse, etc. en 2020, compte tenu de la vulnérabilité des populations sénégalaises face au changement climatique. Si une catastrophe (inondation, sécheresse, etc.) se produit après la situation de la COVID-19, cela créera, selon 41,56% (qui sont d'accord) et 51,56% (qui sont fortement d'accord) un double fardeau pour le pays. En conséquence, les salariés journaliers et les pauvres souffriront le plus de la carence alimentaire et nutritionnelle, et le pays pourrait être confronté à une crise socioéconomique de grande ampleur.

Tableau 4. Questions émergentes persistantes et pandémie de la COVID-19 (en pourcentage)

	Pas du tout d'accord	Pas d'accord	Ni d'accord ni en désaccord	D'accord	Tout à fait d'accord	Total
Il existe un risque de catastrophe comme une inondation, une sécheresse, etc. en 2020, compte tenu de la vulnérabilité du Sénégal face au changement climatique	2,67	17,11	36,44	32	11,78	100
Si une catastrophe (inondation, sécheresse, etc.) se produit après la situation COVID-19, cela créera un double fardeau pour le pays	0,22	2,22	4,44	41,56	51,56	100
Ces événements (COVID-19 + Catastrophes) risquent de provoquer une grave pénurie alimentaire dans le pays	0,44	3,56	15,56	44,67	35,78	100
Ces événements (COVID-19 + Catastrophes) risquent de provoquer une crise économique	0,22	1,33	6,44	49,33	42,67	100
Ces événements (COVID-19 + Catastrophes) risquent d'augmenter le niveau de pauvreté	0,44	1,33	5,78	46,89	45,56	100
Ces événements (COVID-19 + Catastrophes) risquent de provoquer une crise socio-économique et sanitaire grave	0,44	2	7,33	51,33	38,89	100

Source : enquête personnelle, juin 2020

De plus, pour près de huit enquêtés sur dix (80,45%), la COVID-19 combinée aux catastrophes naturelles risquent de provoquer dans le pays une grave pénurie alimentaire (selon 44,67% qui sont d'accord et 35,78% qui sont fortement d'accord), une crise économique (selon 49,33% qui sont d'accord et 42,67% qui sont fortement d'accord), une crise sociale et sanitaire grave (selon 51,33% qui sont d'accord et 38,89% qui sont fortement d'accord), mais également d'augmenter le niveau de pauvreté (selon 46,89% qui sont d'accord et 45,56% qui sont fortement d'accord). En effet, après la situation de la COVID-19, l'importance de la population dans les centres urbains comme Dakar risque de créer de graves des crises socio-économiques et sanitaires.

IV. Conclusion

En définitive, après trois mois (début juin 2020) de la présence de la COVID-19 au Sénégal, nous avons effectué une recherche quantitative à l'échelle nationale sur la perception des populations sénégalaises sur l'impact et l'évolution de la pandémie dans le pays. Les données recueillies auprès des enquêtés montrent une inquiétude généralisée chez les populations sur l'effet de la pandémie au niveau de la santé physique et mentale mais aussi sur l'économie. Cette inquiétude sociale est nourrie par plusieurs facteurs comme les modes et vitesse de transmission du virus, la communication des officiels, les mesures prises pour la riposte, le déficit d'infrastructures dédiées à la prise en charge de la maladie, le niveau de pauvreté, les modes de vie de type communautaire, les pertes d'emplois et de revenus des entreprises et des ménages,...

Malgré la dangerosité avérée du SARS-COV2 et les mesures prises par les autorités politiques et sanitaires, les différentes simulations (Ba et Dia, 2020) n'ont pas réellement permis de bien prédire l'évolution. Les craintes des personnes enquêtées ne sont pas toutes confirmées mais une deuxième de contamination à partir de décembre 2020 permet de voir une évolution inquiétante de la courbe épidémiologique avec une augmentation des cas positifs, des cas graves et des décès.

Au final, un an après le premier cas, la circulation du virus est inquiétante surtout dans la capitale Dakar et des villes comme Thiès et Kaolack. La vaccination devrait diminuer le stress psychologique dû aux cas graves et aux décès, mais aussi lever complètement les restrictions dans les lieux de travail et de commerce afin d'éviter les effets négatifs dus à COVID-19 au Sénégal.

BIBLIOGRAPHIE

Agence Nationale de Statistique et de Démographie (ANSD), Rapport de Impact de la Covid-19 dans l'industrie, novembre 2020, consulté le 07 février 2021 sur le lien suivant : http://www.ansd.sn/ressources/rapports/ANSD-%20Rapport%20%20final%20ECI.pdf

Agence Nationale de Statistique et de Démographie (ANSD), Disponibilité des services de soins de santé au Sénégal, note de synthèse n°4, mai 2020, consulté le 07 février 2021 sur : http://www.ansd.sn/ressources/publications/Repere%20statistique%20covid_N4_soins%20de%20sante%20et%20services%20des%20SS.pdf

Agence Nationale de la Statistique et de la Démographie (ANSD), (2020),COVID-19 Suivi de l'impact sur les unités de production informelles non agricoles consulté le 07 février 2021 sur le lien suivant : http://www.ansd.sn/ressources/publications/Rapport_UPI_Round1_VF.pdf

Agence Nationale de la Statistique et de la Démographie (ANSD), (2020), COVID-19 Suivi de l'impact sur le Bien-être des ménages, consulté le 07 février 2021 sur le lien suivant : http://www.ansd.sn/ressources/publications/Rapport_mensuel_HFMSWE.pdf

Agence Nationale de la Statistique et de la Démographie (ANSD), 2020 : La production statistique dans le contexte de pandémie du Covid-19 : les mesures prises par l'ANSD.

http://www.ansd.sn/index.php?option=com_content&view=article&id=596.

Ba M. et Diop M. (2020), Impact des mesures d'urgence et de prévention sur la propagation du Covid-19 au Sénégal, consulté le 07 février 2021 sur http://www.ansd.sn/ressources/publications/CovidSN_SIR_DIOP_BA.pdf

Diouf, Ibrahima ; Bousso Abdoulaye et Sonko, Ibrahima, Gestion de la pandémie COVID-19 au Sénégal, Médecine de Catastrophe - Urgences Collectives, Volume 4, Issue 3, 2020, pp. 217-222, https://doi.org/10.1016/j.pxur.2020.08.009

Faye, Sylvain Landry (2020), La distanciation sociale au Sénégal, un remède au Covid-19 qui a du mal à passer, The conversation, consulté sur 02 février 2021 sur le lien suivant : https://theconversation.com/la-distanciation-sociale-au-senegal-un-remede-au-covid-19-qui-a-du-mal-a-passer-134810

Faye, Mor et Diatta, Jean Sibadioumeg, La communication du Gouvernement Sénégalais a l'épreuve de la Covid-19, Akofena,Special, n°3,2020, consulté le 02 février sur le lien suivant : http://revue-akofena.org/wp-content/uploads/2020/10/20-T03-34-pp.-255-266.pdf

Hsu L. Y., Chia P. Y., & Vasoo S., 2020 : A midpoint perspective on the COVID-19 pandemic. Singapore Medical Journal. doi:10.11622/smedj.2020036.

Ministère de la Santé et de l'Action sociale (MSAS), 2020 : Informations sur le coronavirus. http://www.sante.gouv.sn/Pr%C3%A9sentation/coronavirus-informations-officielles-et-quotidiennes-du-msas

Présidence de la République du Sénégal, 2020a : Déclaration d'état d'urgence dans le cadre de la lutte contre la maladie à coronavirus COVID-19. Discours du 23 Mars 2020. http://www.presidence.sn/actualites/declaration-detat-durgence-dans-le-cadre-de-la-lutte-contre-la-maladie-a-coronavirus-covid-19_1996

Présidence de la République du Sénégal, 2020b : Message à la Nation du Président Macky Sall, dans le cadre de la lutte contre la maladie à coronavirus COVID-19. Discours du 11 Mai 2020. Discours du 23 Mars 2020. http://www.presidence.sn/actualites/discours

Ragot, Xavier (2020). La crise de la Covid-19 changera-t-elle notre façon de faire de l'économie : Analyses et prévisions économiques par temps de crise. Revue de l'OFCE, 2(2), 5-21. https://doi.org/10.3917/reof.166.0005

Sokhna,Cheikh, (2020). Le Sénégal face au défi du Covid-19, The Conversation, consulté le 03 février sur: https://theconversation.com/le-senegal-face-au-defi-du-covid-19-133555

Sougou, N. M., Diouf, J. B., Diallo, A. A., & Seck, I. (2020). Analyse des risques perçus des prestataires de santé en milieu hospitalier dans le cadre de la pandémie à COVID-19: une étude qualitative dans le Centre Hospitalier Roi Baudoin de Guédiawaye, lors de la réception du 1er cas communautaire du Sénégal, *The Pan African medical journal*, *37* (Suppl 1), 23. https://doi.org/10.11604/pamj.supp.2020.37.23.25389

Impact de la Covid-19 et du confinement sur les activités commerciales des produits importés de seconde main à Abidjan

The impact of covid-19 and the lockdown on commercial activities of imported second-hand in Abidjan

LOGNON Jean-Louis Hippolyte

Enseignant-Chercheur
Institut d'Ethno-Sociologie(IES)
Université Felix Houphouët Boigny (Côte d'Ivoire
Laboratoire de sociologie économique et d'anthropologie des appartenances symboliques (LAASSE).
lognon_jeanlouis@yahoo.fr

AGOH Kouamé Francis

Doctorant
Institut d'Ethno-Sociologie (IES)
Université Felix Houphouët Boigny (Côte d'Ivoire)
Laboratoire de sociologie économique et d'anthropologie des appartenances symboliques (LAASSE).
francisagoh@yahoo.fr

Résumé : Apparût depuis le 17 novembre 2019 dans la province de Hubei, plus précisément dans la ville de Wuhan en Chine, la pandémie de coronavirus (COVID-19) a aujourd'hui affecté tous les continents sur le plan économique et social. En effet, des mesures de distanciation physique et de restriction des déplacements généralisées au niveau de la population ont été introduites afin de ralentir la propagation de la maladie. Ces engagements ont généré des chocs économiques et sociaux. Ainsi, la chute des échanges commerciaux et des investissements entre la Côte d'Ivoire et l'extérieur a construit une influence sur l'essor des activités commerciales des produits importés d'occasion telles que la vente des pièces détachées automobiles, des voitures, de l'électroménager et de la friperie. La présente étude élaborée sur la base de recherche documentaire et d'enquête qualitative explique les répercussions socio-économiques de la crise du COVID-19 sur le commerce des articles déclassés pour défaut, reconditionnés, réparés ou d'occasion importés à Abidjan. Les résultats montrent que ces activités issues du secteur informel sont sous l'emprise de l'impact de la maladie et du confinement (baisse de la demande globale, rupture des chaines de production et d'approvisionnement, fabrication de nouveaux systèmes de relations et pratiques sociales.)

Mots clés : Impact, coronavirus(COVID-19), confinement, secteur informel, Côte d'Ivoire

Abstract: Appeared since November 17, 2019 in the province of Hubei, precisely in the city of Wuhan in china, the coronavirus pandemic (covid-19) has today afflicted all the continents around the world on social and economic plan. In fact, physical distancing measures and restriction of general movements within the population have been introduced in order to slow down the spread of the disease. these commitments have generated social and economic problems. Thus, the decrease of commercial exchanges and the investment between Côte d'Ivoire and foreign countries has negatively impacted the development of imported second-hand products of commercial activities such as the sale of automotive spare parts, cars, domestic electrical appliances industry and fripperies. This study elaborated on the basis of documentary research and qualitative survey explains the socio-economic consequences of covid-19 crisis on trade for items downgraded for defect, reconditioned, repaired or used imported to Abidjan. those results show that those activities issued from the informal sector are controlled by the disease and the lockdown (decrease of the global demand, disruption of the production and supply chain, creation of new systems of relations and social practices.)

Keywords: Impact, coronavirus (COVID-19), lockdown, informal sector, Côte d'Ivoire

I. INTRODUCTION

Depuis la détection du premier cas de covid-19 le 17 novembre 2019 dans la province de Hubei, plus précisément dans la ville de Wuhan en Chine, la Côte d'Ivoire à l'instar des autres pays du monde entier a adopté une série de mesures visant à freiner la propagation de la maladie. Hormis les engagements de restriction en vigueur, le gouvernement a institué des mesures corsées portant sur l'instauration du couvre-feu, la fermeture des frontières, l'interdiction de déplacement entre Abidjan et les villes de l'intérieur, la fermeture de tous les établissements scolaires et universitaires, des bars, night-clubs et restauration. Ces dispositions particulières ont affecté les activités économiques informelles qui jouent un rôle prépondérant, aussi bien au sein des ménages que dans l'économie de la Côte d'Ivoire en contribuant à plus de 40% dans le PIB et en participant à la réduction de la pauvreté par la création d'emplois (PNUD,2020). Il s'agit dans le cas de notre étude de la baisse de la demande globale, de la perturbation des chaines d'approvisionnement des pièces détachées automobiles, véhicules d'occasion, de la friperie et l'électroménager de seconde main. Par ailleurs cette pandémie de COVID-19 a déclenché la construction de nouveaux systèmes de relations et pratiques sociales. En effet, la pandémie de COVID-19 a changé des vies et des modes de vie dans le monde entier avec une ampleur sans précédent. Ce marasme est observé à Abidjan comme l'indique l'exploration faite en 2020 auprès des ménages dans les microentreprises informelles liées à ces activités économiques. A cet effet, l'enquête révèle que de nombreuses microentreprises informelles ont fermé ou ont été affectées par la crise sanitaire. En réalité, plusieurs ont suspendu totalement leurs activités (28,18%), plus de 20 % ont connu des difficultés d'approvisionnement, entraînant la rupture des stocks de marchandises (15, 45%).Ces microentreprises ont dû modifier les heures de travail (13,63%) et ont souvent manqué de clients (24, 54%). Le tableau ci-dessous l'atteste nettement.

Tableau 1. Impact de la pandémie de COVID-19 et du confinement sur le secteur informel des produits importés de seconde main.

	Effectifs	Proportion
Difficultés d'approvisionnement	22	20%
Rupture de stocks de marchandises	17	15,45%
Réduction des heures de travail	15	13,63%
Absence de clients	27	24,54%
Fermeture des microentreprises	31	28,18%

Source : notre enquête

Ces constats empiriques font apparaitre le secteur informel des produits importés de seconde main comme une sphère socio-économique infectée par la pandémie de COVID-19 et le confinement.

La question qui émane de ces constats empiriques est de savoir quelles sont les répercussions socio-économiques de la crise sanitaire de COVID-19 et du confinement sur le secteur informel des produits importés d'occasion à Abidjan ?

Le présent article s'appuie sur les données d'une enquête qualitative menée en Côte d'Ivoire dans le district autonome d'Abidjan par interviews téléphoniques auprès des ménages issus des marchés de vente des pièces détachées automobiles, de véhicules d'occasion, de friperie et de l'électroménager. Les données recueillies par le biais des techniques de collecte en phase avec la perspective qualitative : entretiens semi-directifs, observation directe et récits de vie ;ont été traités via l'analyse de contenu thématique. La recherche documentaire a été également utilisée pour capter les informations. Les entretiens ont porté sur la genèse et l'évolution de la COVID-19 et sans oublier les impacts de la maladie sur l'économie informelle. Ils ont été menés auprès de 110 acteurs dans 110 microentreprises. Outre ces catégories sociales, 02 autorités portuaires et 01 autorité syndicale du port d'Abidjan ont été interviewées. La taille de l'échantillon étant obtenu sur la base du phénomène de saturation, il s'en ai suivi l'application de l'analyse de contenu du corpus de données qui a permis de dégager les catégories analytiques ci-après.

II. GENESE ET EVOLUTION DE LA PANDEMIE DE COVID-19

Le nouveau coronavirus SARS-Cov2 à l'origine de la maladie Covid-19 a été découvert pour la première fois en Chine, dans la ville de Wuhan. Les coronavirus sont une famille de virus affectant principalement les animaux. Certains infectent l'Homme et occasionnent le plus souvent des rhumes et des syndromes grippaux bénins. Des scientifiques affirment qu'il ressemble beaucoup à des coronavirus prélevés sur des chauves-souris. La chauve-souris serait probablement l'animal réservoir du virus. Toutefois, le virus retrouvé chez la chauve-souris ne peut pas se transmettre à l'homme. Le SARS-Cov2 aurait été transmis à l'homme par l'intermédiaire d'un autre animal également porteur d'un coronavirus ayant une forte parenté génétique avec le SARS-Cov2. Selon Annabelle Iglesias (2020), Il s'agit du pangolin, un petit mammifère menacé d'extinction dont la chair, les os, les écailles et les organes sont utilisés dans la médecine traditionnelle chinoise. La piste animale a été donc la plus probable car les premières personnes ayant contracté la Covid-19 en décembre s'étaient rendues dans un marché de Wuhan (épicentre de l'épidémie) où étaient vendus des animaux parmi lesquels des mammifères sauvages. Fin janvier, la Chine a décidé d'interdire temporairement le commerce d'animaux sauvages afin d'enrayer l'épidémie. Des recherches ont été menées par des experts de l'organisation mondiale de la santé en Chine pour confirmer cette hypothèse. Il ressort de ces études que C'est une épidémie de pneumonies, décrite à l'époque comme d'allure virale de cause inconnue qui a émergé dans la ville de Wuhan (province de Hubei, Chine) en décembre 2019.Aujourdhui appelé 2019-nCoV puis **SARS-CoV-2**, ce virus est différent du virus SARS-CoV responsable de l'épidémie de SRAS en 2003. Il est également différent du virus MERS-CoV responsable d'une épidémie évoluant depuis 2012 au Moyen-Orient. Ce nouveau virus est l'agent responsable de cette nouvelle maladie infectieuse respiratoire appelée Covid-19. La Covid-19 touche désormais plus de 180 pays. Mercredi 11 mars 2020, l'Organisation mondiale de la santé (OMS) a qualifié l'épidémie liée à la Covid-19 de « pandémie » en raison du « niveau alarmant » et de la « sévérité » de la propagation du virus dans le monde entier. Jusqu'alors, on parlait d'épidémie, qui se caractérise par une augmentation soudaine du nombre de cas d'une maladie chez des personnes non immunisées dans une région donnée (celle-ci peut regrouper plusieurs pays). A ce jour du 02 février 2021 4818 personnes sont décédées dans l'empire du milieu. Hormis la Chine, le virus circule activement dans d'autres zones telles que les Etats Unis (26 321 163 contaminées), l'Inde (10 766 245), Le Brésil (9 229 322), la Russie (3 825 739), le Royaume-Uni (3 846 851), l'Espagne (2 822 805), l'Italie (2 560 957), la Turquie (2 485 830) et la France (3 201 460 pour 76 512 morts).En Côte d'Ivoire la maladie est réelle et compte au premier février 2021 selon le ministère de la santé et de l'hygiène publique 28 475 cas confirmés dont 26 495 personnes guéries, 156 décès et 1 824 cas actifs.

II.1. Causes et symptômes de la pandémie de COVID-19

La pandémie de COVID-19 présente des causes et symptômes divers. En effet, cette pneumonie selon l'institut pasteur (2020) est une maladie infectieuse causée par un virus appartenant à la famille des coronavirus, identifié sous le nom de **SARS-CoV-2**. Le réservoir de virus est probablement animal. Un marché aux poissons de Wuhan, ville en Chine centrale, est probablement à l'origine de l'épidémie. On y vendait entre autres des chauves-souris, des serpents et d'autres animaux sauvages. Le virus est passé de l'animal à l'être humain, vraisemblablement véhiculé par des chauves-souris ou indirectement par des pangolins. A cet effet, si le pangolin n'est pas directement « l'espèce creuset » du virus, des preuves génétiques montrent qu'il a au moins joué un rôle important dans l'émergence du nouveau virus. Ensuite, le virus a été transmis d'une personne à l'autre. Le nouveau coronavirus, nommé « SARS-CoV-2 », fait partie de la même famille de virus que six autres coronavirus connus de l'homme depuis des années ou des décennies. En décembre 2020, deux nouvelles variantes du SARS-CoV-2 ont été découvertes, indépendamment l'une de l'autre, au Royaume-Uni et en Afrique du Sud. Les données disponibles indiquent que ces variantes sont nettement plus contagieuses, et qu'elles se propagent beaucoup plus rapidement que la variante précédente, originaire de Wuhan. Le coronavirus peut se manifester de différentes manières. En effet, les symptômes les plus courants identifiés par l'institut pasteur (2020) montrent que la durée de l'incubation est en moyenne de 5 jours, avec des extrêmes de 2 à 12 jours. L'installation des symptômes se fait progressivement sur plusieurs jours, contrairement à la grippe qui débute brutalement. Les premiers symptômes sont peu spécifiques : maux de tête, douleurs musculaires, fatigue. La fièvre et les signes respiratoires arrivent secondairement, souvent deux ou trois jours après les premiers symptômes. Dans les premières études descriptives provenant de Chine, il s'écoule en moyenne une semaine entre l'apparition des premiers symptômes et l'admission à l'hôpital à la phase d'état de la maladie. A ce stade, les symptômes associent fièvre, toux, douleurs thoraciques et gêne respiratoire et la réalisation d'un scanner thoracique montre presque toujours une pneumonie touchant les deux poumons. D'autres signes cliniques ont été décrits depuis les premières études : des signes d'atteinte du système nerveux central s'exprimant en particulier chez les personnes âgées sous la forme d'une désorientation ; une perte du goût ou/et de l'odorat, qui survient chez 30 à 50% des adultes infectés, avec une prédominance féminine, est très évocatrice du diagnostic de Covid-19.La gravité des signes cliniques nécessite le maintien à l'hôpital d'environ 20% des malades et 5% nécessitent une admission en réanimation. Les formes les plus graves sont observées principalement chez des personnes vulnérables en raison de leur âge (plus de 70 ans) ou de maladies associées, en particulier l'obésité. Des études observationnelles privilégiées ainsi que des travaux de modélisation ont montré que l'infection peut être asymptomatique ou pauci symptomatique (entrainer pas ou peu de manifestations cliniques) chez 30 à 60 % des sujets infectés, en particulier chez les jeunes enfants (moins de 12 ans).

II.2. Mode de transmission de la pandémie de COVID-19

La transmission de la pandémie de COVID-19 se fait par le biais de plusieurs canaux. En effet, la majorité des cas initialement décrits concernait des personnes ayant fréquenté un marché d'animaux vivants. L'hypothèse d'une zoonose (maladie transmise par les animaux) est donc privilégiée. La transmission interhumaine a été établie plus tard et on estime qu'en l'absence de mesures de contrôle et de prévention, chaque patient infecte entre 2 et 3 personnes. La transmission se fait essentiellement par voie aérienne (gouttelettes de postillons émises au cours des efforts de toux mais aussi lors de la parole) et passe par un contact rapproché (moins d'un mètre) et durable (au moins 15 minutes) avec un sujet contagieux. Des particules de plus petite taille peuvent aussi être émises sous formes d'aérosols au cours de la parole, ce qui expliquerait que le virus puisse persister en suspension dans l'air dans une pièce non ventilée (et justifie dans ces circonstances le port du masque). Enfin le virus peut conserver une infectiosité pendant quelques heures sur des surfaces inertes d'où il peut être transporté par les mains ce qui justifie une bonne hygiène des mains.

II.3. Mesures de précaution et de prévention de la pandémie de COVID-19

Face à la flambée de la crise sanitaire de la pandémie de COVID-19 afin de limiter la propagation du virus, les différents pays du monde dont la Côte d'Ivoire ont instauré des mesures barrières. Il s'agit de :

- la mise en quarantaine des personnes contaminées et celles qui ont côtoyé des personnes infectées ;

- l'interdiction des grands rassemblements de personnes ;
- la fermeture des commerces, écoles, crèches ;
- l'arrêt des vols en provenance des pays où circule activement le virus ;
- l'application de règles d'hygiène pour se protéger du virus (se laver les mains très régulièrement, ne plus faire la bise et serrer la main, tousser et éternuer dans son coude, utiliser des mouchoirs à usage unique, porter un masque pour les personnes malades…).
- respecter la distanciation sociale (au minimum 1,50 mètre entre chaque personne) ;
- le port du masque obligatoire dans de nombreux pays (dans les milieux clos et dans les rues), même pour les enfants ;
- la fermeture des bars et des restaurants, en fonction de la circulation du virus ;
- un traçage de toutes les personnes entrant dans un commerce ;
- une réduction à 50 % de la capacité d'accueil dans les salles de cours et amphithéâtres des Universités et Instituts de formation ;
- le confinement dans certains pays ;
- l'instauration du couvre-feu ;

Aujourd'hui plusieurs pays sont passés à la phase de l'utilisation des vaccins anti-COVID-19 dont les vaccins Pfizer-BioNtech et BNT162b2. Toutes ces mesures prises pour lutter contre la pandémie ont de réelles répercutions socio-économiques sur l'économie informelle à Abidjan à travers la vente des pièces détachées automobiles, de véhicules d'occasion, de friperies et de l'électro-ménager de seconde main.

III. Impact de la pandemie du Covid 19 et du confinement sur les activites informelles des produits importes occasion

L'impact de la pandémie de COVID-19 et du confinement est perceptible d'abord au niveau de la dynamique du marché du travail informel, ensuite l'approvisionnement et la distribution des articles importés de seconde main, enfin la fabrication de nouveaux systèmes de relation et pratiques sociales.

III.1. Perturbation de la dynamique du marché du travail informel par la pandémie de COVID-19

Le marché du travail informel est en proie à une crise sans précèdent. En effet, la pandémie de COVID-19 apparut en Chine et propagé dans plus de 184 pays a provoqué la récession économique la plus grave depuis la deuxième guerre mondiale si bien que les pertes d'emplois se multiplient. La Côte d'Ivoire, pays de l'Afrique de l'ouest n'est pas resté en marge à travers son économie informelle. Le secteur domine l'économie ivoirienne en contribuant à 70 % de la valeur ajoutée et emploie 90 % de la population du pays. Il comprend le travail salarié informel dans les entreprises formelles et informelles, ainsi que le travail indépendant de subsistance et des microentreprises relativement prospères (Banque mondiale,2020). Les données d'enquêtes systématiques sur le secteur informel sont difficiles à collecter, mais les données sur les ménages et les informations sur les microentreprises formelles permettent de mieux connaître ce pan de l'économie ivoirienne. Selon la banque mondiale, le travail indépendant est la source de revenus la plus répandue en Côte d'Ivoire. Les données de l'enquête de cette institution internationale auprès des ménages de 2018 montre que 67,5 % des chefs de ménage sont des travailleurs indépendants (84,2 % dans les zones rurales, contre 60 % dans les villes secondaires et seulement 34 % à Abidjan). Le travail indépendant est également plus répandu chez les ménages les plus pauvres : plus de 80 % des 40 % de ménages les plus pauvres sont constitués de travailleurs indépendants, contre seulement 40 % des 20 % les plus riches. Par ailleurs notre enquête auprès des microentreprises issues du secteur informel des articles importés de seconde main indique que de nombreuses entreprises informelles ont fermé ou ont été affectées (28,18%). Cette perturbation qui touche les activités du secteur informel des produits importés d'occasion est soulignée par les acteurs du système portuaire ivoirien à travers ces témoignages du patron des dockers ivoiriens.

« Bien que les ports aient travaillé 24h/24 pendant la crise, le volume de nos activités a baissé de façon drastique. Contre une moyenne de 3000 embauches par jour, dans ce seul hall, ces derniers temps, nous n'avons pu dépasser le quart, c'est-à-dire 700. On le sait, en tant qu'acteur intournable dans l'activité portuaire, le docker joue un rôle prépondérant dans l'économie nationale. Il est impliqué dans 90% des échanges commerciaux se faisant par voie maritime. C'est lui qui décharge les marchandises des navires. Les navires que nous déchargeons, ici, viennent des pays où le coronavirus a sévèrement sévi avec son lot de malades et de décès. Des collègues ont même été contaminés. Les effectifs ont été réduits dans les pays d'où proviennent les navires des produits de seconde main à cause du confinement. »

Ce témoigne traduit l'impact des conséquences de la crise sanitaire internationale sur la dynamique du travail. En fait, un navire qui pouvait seulement charger en une semaine, le fait en un mois, voire plus. La crise sanitaire a donc touché les échanges commerciaux et le trafic maritime entre la Côte d'Ivoire et ses partenaires économiques. C'est à juste titre que l'autorité portuaire K A s'exprime en ces termes :

« Nous sommes un pays importateur ; mais avec la survenue de cette crise, la plupart de nos partenaires étrangers ont été mis en isolement. Des ports étaient fermés à cause des restrictions imposées par les gouvernements pour contenir la pandémie. C'est pourquoi, les navires viennent difficilement dans les ports. Il y a un ralentissement des activités au niveau des

plateformes. La crise n'a quasiment pas affecté les volumes des trois premiers mois d'activité du terminal, qui affichaient une hausse de +6% par rapport à 2019. L'impact réel de la crise sanitaire sur notre activité s'est fait ressenti sur le second trimestre. L'effet covid-19 a été perceptible sur les mois d'Avril et Mai surtout sur les volumes export -20% (cajou, coton) liés des chocs d'offres liés aux difficultés d'acheminement des produits export des zones de production à Abidjan et des chocs de demande dû à la fermeture des frontières et mesures de confinement dans les grands pays importateurs. »

Il ressort de cette analyse que la dynamique du travail au sein des entreprises et des microentreprises a été perturbée d'où la rupture de l'approvisionnement et de la distribution des articles importés de seconde main.

III.2. Rupture de l'approvisionnement et de la distribution des articles importés de seconde main.

La crise sanitaire internationale de COVID-19 et le confinement ont un impact perceptible sur l'économie informelle des produits importés de seconde main à Abidjan. En effet, la fermeture des frontières affecte les importations à travers l'approvisionnement et la distribution des articles d'occasion comme le souligne le journal de la direction générale de l'économie ivoirienne (2020). Pour ce journal, au niveau mondial l'économie a été affectée par l'arrêt d'un grand nombre d'entreprises en chine au cours du premier trimestre de l'année 2020.Cette situation a occasionné la morosité de l'économie chinoise et entrainé des ruptures d'approvisionnement de l'industrie mondiale des pièces de rechange automobiles et pharmaceutiques en principes actifs. En fait, les transports maritimes qui assurent le convoyage des articles de seconde main sont obligés d'annuler leurs escales chinoises du fait de l'épidémie estimant à 350 millions de dollars leur manque à gagner par semaine à l'échelle mondiale selon Christophe Le Bec (2020) dans le journal Jeune-Afrique économie. Sous ce rapport, il devient difficile d'animer les différents marchés car les restrictions de mouvement des acteurs du commerce provoquent la baisse de la demande globale des marchandises. Par ailleurs, ces obstacles qui perturbent tout le système mondial des échanges entre les différents pays qui sont validés par les propos suivants.

« De nombreuses entreprises, surtout celles de la zone franche, ne sont pas livrées parce que les fournisseurs en Chine ne peuvent expédier les marchandises. Personnellement, tous mes tissus sont aujourd'hui bloqués en Chine »

Ces verbatim soulignent le poids de la Chine dans les échanges commerciaux avec l'Afrique. Depuis dix ans, la Chine est indétrônable du rang de premier partenaire commercial de l'Afrique, avec des échanges qui ont atteint 208,7 milliards de dollars en 2019, en hausse de 2,2% en glissement annuel, selon Pékin. L'empire du Milieu est parti de très loin pour ainsi se retrouver au sommet, grâce notamment à ses prix défiants souvent toute concurrence et sa politique agressive sur le Continent. A seulement 2,8% en 2000, la Chine compte pour plus de 14% du commerce africain en 2018, selon un rapport de la Banque africaine d'Import-Export (Afreximbank). Ce business Chine-Afrique qui se concrétise notamment par des centaines de flux mensuels de bateaux des principaux ports du Continent a été freiné par l'épidémie du coronavirus qui fabrique aujourd'hui de nouveaux systèmes de relation et pratiques sociales.

III.3. Fabrication de nouveaux systèmes de relation et pratiques sociales

La crise sanitaire internationale de COVID-19 et le confinement ont permis aux acteurs sociaux issus de l'économie informelle de consolider d'une part les liens de solidarité amicale, parentale et ethnique et d'autre part de construire de nouvelles pratiques sociales et créer des activités économiques circonstancielles.

III.3.1. Consolidation des systèmes de relation sociale : la solidarité amicale, parentale et ethnique comme mode de résistance à la pandémie du COVID-19 et au confinement à Abidjan

La pandémie de COVID-19 et le confinement ont favorisé l'entretien des liens de solidarité ethnique, amicale et parentale. En effet, la mobilisation des liens forts caractérisés par les réseaux de relations permet aux ménages de subsister socialement et économiquement au coronavirus et au confinement. A cet effet, les extraits de propos d'un chef de ménage lié à l'économie informelle traduisent le raffermissement des liens solidarité et d'entraide.

« A cause de coronavirus et du confinement, on n'arrive pas à bien travaillé, dans cette affaire de vente de friperie là ce n'est pas facile, l'approvisionnement est rare et nos clients ne viennent plus. Tout est devenu dure et on n'achète plus rien. Notre activité est menacée. C'est grâce à des amis et mon frère qui est fonctionnaire que je vis avec ma femme et mes enfants. La dernière fois, c'est mon ami qui m'a donné un sac de riz, ce soir c'est mon grand frère qui est venu me remettre la somme de 25 000 Frs CFA pour la nourriture. En tout cas, sans leur entraide j'allais mourir de faim avec ma petite famille... »

Ces verbatim montrent que les acteurs s'appuient sur la solidarité symbolisée par les soutiens spirituels, matériels et financiers pour vivre car leur emploi est fortement perturbé par le confinement. Les chefs de ménage ayant perdu leurs emplois ou en chômage technique à cause du covid-19 ou qui sont en difficulté pour la plupart se servent de cette stratégie sociale qui constitue leur salut. Les acteurs sociaux désormais comptent sur ce type de liens sociaux pour espérer se remettre momentanément des affres de la crise de coronavirus et continuer à vivre. Ainsi, ces relations sociales qu'ils entretiennent entre eux, composées de liens affinitaires, de parenté, etc. sont aux antipodes de ce qui se fait dans les sociétés modernes, là où le capitalisme fait de ces individus des laissés-pour-compte. Ces restrictions impactent également la vie en famille. Ainsi, les relations entre géniteurs et enfants se normalisent. En effet, le confinement permet aux acteurs cruciaux de la famille d'exercer leur emprise sur cette entité sociale au lieu que cela soit dévolu à un seul acteur (la femme ou l'homme) encore moins à une tierce personne (servante) comme c'est le cas de voir dans certaines familles ou la femme et le mari travaillent et ce, durant toute la semaine. Ainsi donc nait une solidarité parentale pour rétablir l'action socialisante des enfants qui devrait être partagée ou équilibrée. Toute cette mutation liée à la crise sanitaire et au confinement rétablit la famille longtemps disloquée car avant 21 h, heure du couvre-feu en Côte d'Ivoire papa, maman et enfants se retrouvent dans la maison. Une occasion pour chaque catégorie sociale de se connaitre à nouveau, se rééduquer et certainement parfaire les rapports sociaux existants pour raffermir les liens familiaux. A cet effet, le dialogue doit être mis à profit pour gérer les liens affaiblis ou disparates qui étaient à la source de conflits conjugaux ou de générations (rapports-parents-enfants).En somme, la pandémie de COVID-19 et le confinement social favorisent la consolidation des liens sociaux basés sur l'amitié, la parenté et l'ethnie qui permettent à chaque catégorie d'acteur de se protéger certes des risques de contagions du virus mais bien au-delà de permettre à la famille de survivre face aux enjeux sociaux de notre temps qui exigent que l'un ou l'autre soit moins présent pour construire ce modèle de famille préconisé.

III.3.2. Construction de nouvelles pratiques sociales et création des activités économiques circonstancielles comme stratégie de résistance à la pandémie de COVID-19 et au confinement à Abidjan

La pandémie du COVID-19 et le confinement occasionnent la réinvention de nouvelles pratiques sociales et la création des activités économiques circonstancielles pour faire la résistance. En effet, dans un premier temps, le fait que l'homme passe plus de temps à la maison le stimule à changer ses habitudes en se consacrant plus à la lecture, au sport, à l'internet (Facebook, Twitter, Instagram, Linkedin), à la télévision, aux jeux ludiques matérialisés par le scrabble, le Ludo, le jeu de dame et de carte. Hormis ces jeux, l'homme se livre à la cuisine tout en adoptant des mets inédits. Ce remaniement des mœurs offre aux acteurs sociaux confinés de supporter la maladie et le confinement mais surtout de renforcer les liens sociaux en proie à des transformations sociales qui tendent maintenant à la recomposition où à l'affaiblissement.

La maladie et le confinement produisent donc de nouvelles formes de sociabilité entre les acteurs sociaux participant ainsi au raffermissement des liens affinitaires, conjugaux, parentaux et amicaux, etc. et brisant le mur de la peur de contagion et de l'isolement social. Ces acteurs sociaux s'adonnent d'autre part à des activités informelles occasionnelles pour se mettre en marge des impacts de la crise sanitaire internationale. En effet, les acteurs ont mobilisé des stratégies économiques en phase avec les mesures restrictives. Ils créent des activités productrices de revenus occasionnelles dans leur espace social. Il s'agit entre autres de la vente de cigarette, de bonbon, de pain, de beignets, etc. D'autres acteurs vendent des produits adaptés aux besoins de la résistance sanitaire et économique tels que la vente de gel hydro-alcoolique, du cache-nez et des gants comme l'indique ici cet acteur social.

« Je suis démarcheur au marché de vente de l'électroménager de seconde main à Abidjan Adjamé Renault. Nous vendons les réfrigérateurs et congélateurs d'occasion. Corona fait que rien ne bouge c'est pourquoi j'ai décidé de ne plus aller au travail. Je vends actuellement des cache-nez, gants et produits hydro-alcooliques. C'est ce qui me permet de vivre un peu. C'est dur mais on va faire comment ?

Ces propos sont révélateurs de l'impact qu'a la maladie sur les activités économiques informelles. Une perturbation d'activité qui vire au changement provisoire d'emploi ; juste se faire des bénéfices afin de participer aux différentes dépenses qui pèsent sur le ménage. Il ressort donc que les nouvelles pratiques sociales et les activités économiques circonstancielles renforcent la lutte contre la maladie de COVID-19.

IV. Conclusion

La crise sanitaire internationale et le confinement ont eu des impacts sur l'économie ivoirienne à travers son secteur informel des produits importés d'occasion comme l'attestent les statistiques de notre étude. Les résultats montrent que plusieurs microentreprises de vente des pièces détachées automobiles, de véhicules d'occasion, de friperie et de l'électroménager de seconde main ont suspendu totalement leurs activités (28,18%), plus de 20 % ont connu des difficultés d'approvisionnement entraînant la rupture des stocks de marchandises (15, 45%).Ces microentreprises ont dû donc modifier les heures de travail (13,63%) et ont souvent manqué de clients (24, 54%). Face à cette situation, les différentes catégories d'acteurs ont mobilisé de nouveaux systèmes de relation et pratiques sociales pour survivre.

BIBLIOGRAPHIE

Amangoua, P-E (2020), Pandémie du coronavirus :la stratégie des ports ivoiriens pourrait maintenir la compétivité, fratmat.info/article /207699/Economie/pandémie-du-coronavirus-la stratégie-des ports-ivoiriens-pour-maintenir-la-compétivité.

Banque mondiale (2020), « Banque mondiale, Côte d'Ivoire 10eme rapport sur la situation économique : l'impact de la COVID-19 sur les entreprises et les ménages ivoiriens. »

DGE (2020), L'impact de la crise sanitaire sur l'économie ivoirienne, Magazine d'infos de la direction générale de l'économie n°002 de Mars 2020.

Iglesias, A (2020), Coronavirus : Chine, l'origine du virus COVID-19, Passeport santé/https :/www.passeportsanté.net.fr/Actualités/Dossiers/Fiche.asp ? doc=coronavirus-d 'où-vient-le covid-19.

Institut Pasteur (2020), Maladie COVID-19 (nouveau coronavirus) mise à jour 13 janvier/https:/www.pasteur.fr>centre médical>fiches-maladie

Le Bec (2020), Coronavirus : quelles conséquences économiques pour l'Afrique, Journal Jeune Afrique Economie du 21fevrier 2020, www.jeuneafrique.com/900070/économie/coronavirus/-comment-loude-de-choc-économique-se propage-en-Afrique/

Tchounand,R(2020), Import-Export : comment le coronavirus impacte le dynamisme des entreprises en Afrique, Afrique la tribune /afrique.latribune.fr/economie/2020-02-28/import-export-comment-le-coronavirus-impacte-le-dynamisme-des-entreprises-en-afrique-840138.htm/

UNDP (2020), Côte d'Ivoire, Rapport final sur l'évaluation de l'impact du COVID-19 sur le secteur informel

UNDP (2020), Côte d'Ivoire, Rapport final sur la mesure de l'impact socio-économique du COVID-19 sur les conditions de vie des ménages.

Vous avez dit impacts économique et socio-culturel de la Covid-19 dans les communes au Cameroun ? Éléments d'analyse politiste

Did you say the economic and socio-cultural impacts of Covid-19 in the municipalities in Cameroon? Elements of Political analysis

MINKONDA Hermann

Ph. D en Science Politique et Chargé de Recherche
Centre National d'Education (CNE)
Ministère de la Recherche Scientifique et de l'Innovation du Cameroun (MINRESI).
Département des Etudes Politiques et Juridiques (DEPJ).
minkondahermann@yahoo.fr

NANGA BEKONO Sandrine Fleur

Doctorante
Université de Maroua Cameroun
Unité de formation doctorale en sciences juridique et politique
sandybecks@yahoo.com

Résumé : En prenant les secteurs économique et socio-culturel dans les communes comme monographie de démonstration, l'objectif de cette étude est doublement d'analyser les impacts de la Covid-19 dans les espaces locaux et les actions que les magistrats municipaux ont suggérés pour venir à bout de cette crise sanitaire qui a déstructuré l'action publique locale. Les résultats de cette étude visent à fournir des éléments factuels nécessaires à la fabrication de l'action publique locale en tant de crise.

Mots clés : Impacts économiques et socio-culturels Covid-19, communes, Cameroun.

Abstract: By taking the economic and socio-cultural sectors in the municipalities as a demonstration monograph, the objective of this study is doubly to analyze the impacts of Covid-19 in local spaces and the actions that the municipal magistrates have suggested to come. overcoming this health crisis which has destroyed local public action. The results of this study aim to provide the factual elements necessary for the fabrication of local public action in a crisis.

Keywords : Economic and socio-cultural impacts, Covid-19, municipalities, Cameroon.

I. INTRODUCTION

En plongeant le monde dans une incertitude radicale (Postel, 2008 : 265) et une désolation qui n'est pas près de s'achever (Minkonda, Atanga et Ekosso, 2020 : 3), la Covid-19 s'est répandue à une vitesse fulgurante sur l'ensemble du globe, semant au passage inquiétudes, tristesses et désolations (Fassin, 2020 : 9). Loin des bruits assourdissants des théâtres de conflit, la Covid-19 qui, alimentée par les Fake News (Rimbert, 2020 : 1), a donné lieu à une laborieuse politisation (Nwatchock A Birema, 2020 : 34) dont les ressorts « *dispersent la fumée de l'illusion* » (Sarah, 2020 : 2). Différente de toutes celles que les générations précédentes ont pu connaitre (Hamel, 2020 : 7), trois mois après le début de cette crise sanitaire, près de la moitié de la population de la planète est appelée au confinement, remettant en question les meilleurs systèmes de santé au monde. Les chiffres des décès liés à cette crise sanitaire qui a basculé, du stade épidémique à celui de pandémie sont effrayants. Déclarée pandémie par l'Organisation Mondiale de la Santé (OMS) le 11 mars 2020, la Covid-19 avait déjà fait près de 774, 395 décès sur 21 900 458 cas confirmés, le 17 août 2020. Ravivant les tensions diplomatiques entre la Chine et l'Occident quand à ses origines et créant une « grande palabre mondiale » sur sa nature, ses causes et ses victimes (Bonono-Momnougui, 2020 : 21), la catastrophe sanitaire liée à la Covid-19 est venue mettre à nu la vulnérabilité de l'espèce humaine supposée être supérieure aux autres. Les rapports, estimations et études d'évaluation préliminaires faites par les instituts annoncent l'apocalypse pour les économies de tous les Etats de la planète. Dans cette dynamique, en raison des mesures prophylactiques imposées pour circonscrire la vulgarisation de ce virus microscopique, l'activité économique s'est épidémiologisée (Moungou Mbenda et Ondoua Biwole, 2020 ; 13), les bourses ont dévissé, les ambitions économique, sociale, politique et culturelle ont été revues à la baisse (Bret, 2020 : 2). Longtemps épargnée par cette crise sanitaire qui a permis à « *l'homme soi-disant tout-puissant d'apparaître dans sa réalité crue* » (Sarah, 2020 : 1), l'Afrique subsaharienne a connu son premier cas le 27 février 2020 au Nigéria. Faisant suite à l'entrée dans le territoire national des personnes venant des pays à risque, le Cameroun, a fatalement rejoint le peloton des pays africains touchés par la Covid-19 notamment le 06 mars 2020. Afin de réduire la vitesse de propagation et minimiser les risques de contamination à la Covid-19 ou au coronavirus, son appellation moins technique et donc populaire, une stratégie qui s'est déclinée sous la dénomination officielle de *Stratégie gouvernementale de riposte face à la pandémie du Coronavirus (Covid-19)* constituée de 13 mesures a été initié par le Premier Ministre et applicables dès le 18 mars 2020. L'urgence sanitaire, initialement focalisée autour des grandes métropoles, s'est répandue progressivement sur l'ensemble du territoire national, exposant ainsi l'ensemble des 360 communes et des 14 communes de villes à plusieurs défis sanitaire, social, culturel et économique notamment. A partir de là, malgré les mesures de confinement instaurées par le Gouvernement pour réduire les risques de contamination, les impacts que cette maladie respiratoire a causés, sont déjà assez considérables aussi bien au niveau national qu'au niveau local. En prenant les secteurs économique[1] et socio-culturel[2] comme monographie de démonstration, l'objectif de cette étude est doublement d'analyser les impacts de la Covid-19 dans les communes et la nature des actions que les magistrats municipaux ont envisagés et suggérés pour venir à bout de cette pandémie. Au demeurant, une question lancinante nourrie de bout en bout cette étude : quels sont les impacts économique et socio-culturel de la Covid-19 dans les communes qui ont amené les magistrats municipaux à suggérer des actions pour redynamiser l'action publique locale au Cameroun ? L'analyse part de l'hypothèse selon laquelle les impacts que la Covid-19 a eus dans les secteurs économique et socio-culturel ont poussé les Maires/Maires de villes à préconiser des actions pour relancer l'action publique locale qui a fortement été affectée par les mesures de restrictions prises le Gouvernement. Sur la base d'un matériau fait de données empirique[3], ethnographique[4] et d'une théorisation articulée autour du constructivisme social (Berger et Luckmann, 1998 : 5), les résultats de cette étude visent à fournir des éléments factuels nécessaires à la fabrication d'une action publique locale adaptée en période de crise dans les communes au Cameroun. Cette grille théorique nous permettra de démontrer comment à partir d'une analyse des impacts économique et socio-culturel, les acteurs

---

[1] Par secteurs économique, nous entendons ici les activités basées sur le fonctionnement des entreprises/unités de production et administrations, ainsi que la capacité à créer des emplois/utiliser la main-d'œuvre au niveau communal.

[2] Par secteur socio-culturel, nous entendons ici les activités liées à l'état-civil, à l'enregistrement des naissances, des décès et des mariages.

[3] Notre travail se base sur trois enquêtes de terrain. Il s'agit d'une enquête réalisée par l'Institut National de la Statistique avec l'appui du Programme des Nations Unies pour le Développement sous la supervision du Ministère de la Décentralisation et du Développement Local sur l'évaluation des effets de la Covid-19 dans les Collectivités Territoriales Décentralisées (CTD) du 06 juin au 09 septembre 2020. Il s'agit aussi d'une enquête sur l'évaluation des effets socioéconomiques du Coronavirus (Covid-19) au Cameroun- Phase 1 Principaux résultats de l'enquête d'opinion réalisée auprès des ménages et des entreprises du 26 avril au 10 mai 2020, réalisée avec le concours de l'INS et les Nations unies. Il s'agit également d'une étude menée par le CNE sur les stratégies d'implémentation des mesures gouvernementales de lutte contre la Covid-19 par les populations au Cameroun à partir des communes de Yaoundé du 11 juillet au 28 septembre 2020.

[4] Nous avons également réalisé près de 150 entretiens avec les Maires/Maires de la ville dans un projet de recherche que nous avons conduit, financé par le MINRESI, portant sur les perceptions et représentations de la Covid-19 dans les municipalités. Ce projet a été mené durant toute pratiquement toute la période couvrant le confinement, c'est-à-dire du 25 mars au 05 mai 2020.

locaux construisent quotidiennement la réalité de la riposte communale contre la Covid-19 dont la finalité est de redynamiser et de repenser l'action publique locale. Pour les fins de ce travail, nous allons démontrer que les dégâts économique et socio-culturel causés par la Covid-19 dans les communes (**1**) ont amené les Maires/Maires de villes à suggérer des actions pour réduire au maximum les risques de contamination afin de relancer l'action publique locale (**2**)

II. L'ANALYSE DES IMPACTS ECONOMIQUES ET SOCIO-CULTURELS DE LA COVID-19 DANS LES COMMUNES

Malgré les 19 mesures d'assouplissement et de soutien aux entreprises et aux ménages prises respectivement les 09 et 30 avril 2020 par le Gouvernement pour relancer les activités aux fortunes variables qui ont fortement été touchées par la Covid-19 sur toute l'étendue du territoire nationale, les effets de cette pandémie sont déjà perceptibles. Par sa contagiosité et sa létalité, la Covid-19 a tellement été brutale à cause de l'état d'urgence partiel imposé au Cameroun (Gicquel, 2020 : 4) qu'elle a été ressentie jusqu'à dans les espaces périphériques du pays (Bret, 2020 : 2). Au niveau des communes, la Covid-19 que le Cardinal Robert Sarah qualifie de « parabole » (Sarah, 2020 : 1) a particulièrement impacté négativement dans les secteurs économique et socio-culturel

II.1. Les impacts économiques de la Covid-19 dans les communes

Sur la base d'une étude portant sur l'évaluation des effets de la Covid-19 sur les CTD au Cameroun[5], il est clairement indiqué que les restrictions imposées par le Gouvernement pour réduire le risque de dissémination du coronavirus semblent avoir impacté négativement sur le fonctionnement des entreprises/unités de production et leur capacité à créer des emplois/utiliser la main-d'œuvre dans les communes. Cet évènement imprévu qui a des conséquences majeures sur l'économie a déjà causé selon les statistiques les plus modérées produites par le Ministère de l'Economie, de la Planification et de l'Aménagement du Territoire, une récession de 1,2% en 2020 au Cameroun. « *Différente de toutes celles que les générations précédentes ont pu connaître* » (Strauss-Kahn, 2020 : 2), 88 % des Maires/Maires de villes sont très inquiets (environ 5 sur 10) ou inquiets (3 à 4 sur 10) en ce qui

[5] Cette étude a été pilotée par le Ministère de la Décentralisation et du Développement Local (MINDDEVEL), le Directeur Général de l'INS (DG/INS), celui de l'Economie et la Programmation des Investissements Publics (DGEPIP) qui en assurent la coordination générale. L'enquête à laquelle nous avons pris part en que membre d'équipe du MINDDEVEL a été réalisée sous l'encadrement de 8 coordonnateurs techniques, assistés de 12 membres de l'équipe technique et 17 membres de l'équipe d'accompagnement et d'appui.

concerne les effets de la Covid-19 sur les activités économiques dans leur territoire communal. En effet, de l'avis de ces magistrats municipaux, les marchés des produits de consommation des ménages, le commerce lié aux débits de boissons, les snacks, les hôtels et les activités connexes génératrices de revenus, ont été les premiers secteurs d'activité les plus touchés par cette « *crise de l'être, de l'avoir et du pouvoir* » (Strauss-Kahn, 2020 : 5). Dans cette perspective, 74% des Maires/Maires de villes indiquent que la pandémie est la cause de la baisse ou du ralentissement de l'activité (baisse de la clientèle/la production). En outre, 82% du personnel communal interrogé se plaignent de la hausse des prix. Dans l'ensemble, 43% de la population locale éprouve des difficultés à accéder aux produits alimentaires/services de restauration et 40% au service de transport en commun. De même, près de 62% des Maires/Maires de villes estiment que par rapport aux prévisions initiales du mois d'avril 2020, les recettes au mois d'avril 2020 ont baissé d'au moins 50% du fait de la Covid-19 le 17 mars 2020. Ce pourcentage de baisse de recettes est d'au moins 70% selon 4 Maires/Maires de villes sur 10. Bien plus encore, 73% des Maires/Maires de villes estiment que la Covid-19 a eu des effets négatifs sur les lieux de cultes qui fonctionnent en grande partie grâce aux dons en nature et à l'argent des fidèles. La fermeture de ces espaces de prières et de louanges a causé la diminution d'environ 85% des recettes des églises, des mosquées et des synagogues notamment. De manière générale, environ 47 % de Maires/Maires de villes pensent que les mesures d'assouplissement et de soutien prises par le Gouvernement les 09 et 30 avril 2020 en faveur des entreprises et des ménages sont jugées peu ou pas du tout satisfaisantes, car elles affecteraient négativement les recettes communales.

Figure 1. Répartition (en %) des municipalités par degré de satisfaction des Maires/Maires de villes vis-à-vis des mesures gouvernementales des 09 et 30 avril 2020.

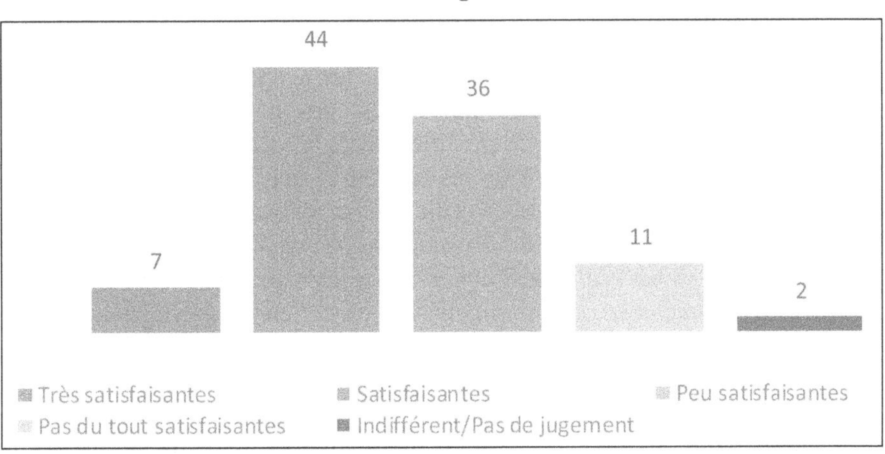

Source : élaboré par les auteurs.

A la lecture de ces données statistiques, un constat peut rapidement être fait relativement à ce que nous révèle les impacts économiques de la Covid-19 dans les communes au Cameroun (Boniface, 2020). Si l'on reconnaît dans le principe que les pandémies ont un impact économique probant, celle de la Covid-19 a épidémiologisée l'économique dans les communes et communes de villes. Contrairement à l'engouement que la levée des mesures de restrictions barrières décidée les 09 et 30 avril 2020 a entrainée dans le pays, les recettes liées à la fiscalité locale ont été mises en mal. En effet, l'exonération de la taxe de séjour, de l'impôt libératoire, de la taxe de stationnement, de la taxe à l'essieu et des taxes communales affecte la trésorerie déjà fragile des communes et communes de villes. En attendant que chaque magistrat municipal fasse ses comptes, les chiffres consolidés de l'exercice 2019 disponibles à la Direction Générale des Impôts (DGI) et au Fonds Spécial d'Equipement et d'Intervention Intercommunale (FEICOM) donnent une idée des montants en jeu : entre 2,5 milliards et 10 milliards de FCFA de perte dans l'ensemble des communes du pays pour les communes en 2020. Par ailleurs, le report au 30 septembre 2020 du délai de paiement de la taxe foncière prive les communes et communes de villes de la perception pendant cinq mois du produit de cette taxe. Selon les chiffres de la DGI et du FEICOM, cette taxe a rapporté près de 3 milliards de FCFA aux CTD en 2019, soit 10 milliards de FCFA et jusqu'à 50 milliards une fois pleinement déployée. Ces impacts économiques se sont également popularisés dans le monde socio-culturel des zones communales.

II.2. Les impacts socio-culturels de la Covid-19 dans les communes

Au cours des différentes enquêtes menées sur le terrain, il a été demandé aux Maires/Maires de villes de livrer leurs perceptions et leurs opinions au sujet des effets socioculturels de la pandémie dans les communes et communes de villes. Le questionnaire visait les activités liées à l'état-civil notamment l'enregistrement des naissances, des décès et des mariages. D'après environ 4 Maires/Maires de villes sur 5, les activités socioculturelles ont été fortement perturbées dans les territoires communaux du fait de la Covid-19. Selon un Maire de la ville, « *l'expérience du confinement a permis à beaucoup parmi nous les magistrats municipaux de redécouvrir que nous dépendons réellement et concrètement des activités culturelles pour le fonctionnement des communes* ». Ainsi l'enregistrement des actes d'état-civil, comme d'autres activités dans les communes, a dû connaitre des perturbations du fait de la pandémie liée à la Covid-19 dans plusieurs municipalités.

En effet, si le rythme d'enregistrement des naissances et celui des décès sont restés comme d'habitude respectivement pour environ la moitié (49%) voire un peu plus (62%) dans les Mairies de villes, il n'en est pas de même pour le rythme de célébration des mariages (**Graphiques 2, 3 et 4**). D'après près 70% de ces magistrats municipaux, le rythme de célébration des mariages a un peu diminué (28%) ou même a beaucoup diminué (42%). Citant dans un style ironique l'artiste congolais Koffi Olomidé dans sa chanson « Coronavirus assassin » sur la situation de l'enregistrement des mariages et décès dans les municipalités, un Maire a déclaré que : « *la colère de Dieu en forme de virus sous les cieux... la colère de Dieu en forme de coronavirus.....constitue un joli paradoxe pour nous. Si l'on observe une augmentation des naissances et des décès (que certaines familles attribut à tort ou à raison à ce virus), les heureuses familles ainsi que les familles durement éprouvées hésitent à venir établir les enregistrements et déclarations, de peur d'être contaminé par la Covid-19* ». Même s'il est encore trop tôt aujourd'hui pour évaluer les impacts de la Covid-19 dans les municipalités, cette pandémie a déjà selon un Maire « *anéanti beaucoup d'espoir de voir enfin l'établissement d'une base de données statistiques sur le nombre de naissances, de mariages et de décès réel dans notre commune qui avait pour la première fois réussi à concevoir un logiciel digne de ce nom* ».

Figure 2. Répartition (en %) des municipalités en fonction de la variation du nombre d'enregistrement des naissances à l'état-civil du fait de la Covid-19 et des mesures restrictives du 17 mars 2020

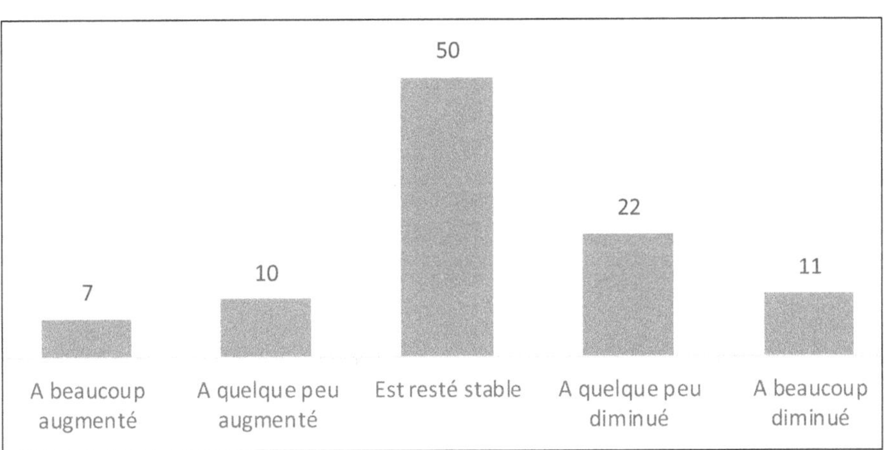

Source : élaboré par les auteurs.

Figure 3. Répartition (en %) des municipalités suivant la variation du nombre d'enregistrement des mariages à l'état-civil du fait de la pandémie liée à la Covid-19.

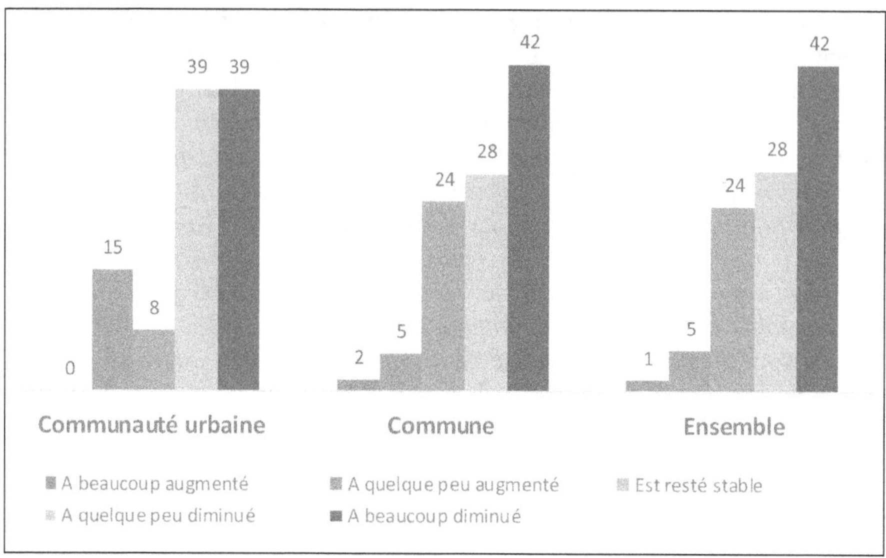

Source : INS, 2020.

Figure 4. Répartition (en %) des municipalités suivant la variation du nombre des décès à l'état-civil du fait de la pandémie liée à la Covid-19.

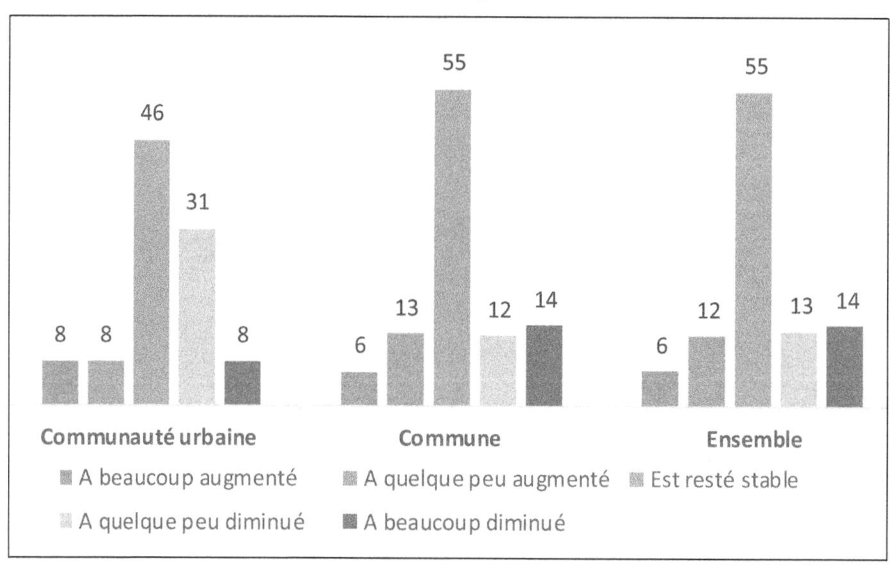

Source : INS, 2020.

Au regard de ces graphiques, les variables liées au secteur socio-culturel à savoir les naissances, mariages et décès ont fortement connu une chute exponentielle à cause des mesures de restrictions imposées par le

Gouvernement pour faire face à la Covid-19. Si ces différentes activités relevant du domaine socio-culturel « *ont été tuées pour arrêter la vulgarisation du coronavirus* » comme l'a déclaré un Maire, les communes et communes de villes, poursuit un autre Maire « *ont payé le prix fort* ». En réalité, « *le secteur socio-culturel est le domaine névralgique qui permet aux communes de fonctionner. C'est la raison d'être des échelons locaux qui permet non seulement de vendre l'image de l'originalité identitaire de la commune, mais il participe aussi à l'animation de la zone* », indique un Maire de Ville. Au bout du compte, le ralentissement des activités qui a eu des impacts négatifs sur les plans économique et socio-culturel ont poussés les Maires/Maires de villes à suggérer des actions au Gouvernement et aux partenaires au développement pour mettre en œuvre des stratégies afin de relancer l'action publique locale.

III. Les actions suggerees par les Maires de villes dans la lutte contre la propagation de la crise du Covid19 dans les communes

Selon les rapports du Ministère de la Santé Publique camerounais, le pays est actuellement dans sa phase de contamination communautaire. Pour stopper l'accélération de la Covid-19 dans ces zones communautaires constituées principalement des communes, les Maires/Maires de villes ont entrepris des actions dans le but de relancer le développement local durement impacté par les mesures de restrictions prises par le Gouvernement. « Pris au piège de la peur » (Torbicka, 2020 : 1), deux gammes de mesures ont été suggérés par les Maires/Maires de villes pour venir à bout de cette pandémie. Il s'agit d'un côté des mesures formulées à l'endroit du Gouvernement (2.1). De l'autre côté, il s'agit des mesures qui pourront éventuellement être mises en musique avec la contribution des partenaires au développement

III.1. Les actions suggérées par les Maires/Maires de villes pour le Gouvernement pour lutter contre la propagation de la Covid-19 dans les communes

Crise sanitaire sans doute, mais aussi et surtout crise économique et socio-culturel avec la panoplie de mesures prises pour soigner la maladie, limiter sa vitesse de propagation et réduire ses conséquences aux fortunes, la Covid-19 a éprouvé la démocratie locale (Fassin et *al*, 2020 : 81) en offrant une occasion aux Maires/Maires de villes de porter leurs différentes revendications vers le pouvoir central. Au-delà de la prise en compte de la vingtaine de mesures préconisé par le Groupement Inter patronal du Cameroun (GICAM), près de 90% des Maires/Maires de villes estiment que le Gouvernement devrait prendre dans l'immédiat, en collaboration avec les acteurs locaux des mesures fortes. Selon un Maire, « *cette pandémie est une magnifique opportunité pour que l'Etat de revoir à la hausse la dotation générale de la décentralisation. Les 100 millions que l'Etat alloue déjà à toutes les communes et communes de villes du Cameroun est importante, mais il serait aussi utile compte tenu des effets dévastateurs de cette maladie de doubler par exemple cette somme afin de permettre aux municipalités de mettre en œuvre certaines actions phares* ». En plus de celles qui existent déjà pour limiter l'impact de la pandémie du coronavirus sur la vie des populations locale et soutenir l'action publique locale, il s'agit principalement, par ordre de priorité décroissante selon 85% des Maires/Maires de villes, des quatre mesures suivantes (**Graphique 5)** articulées comme suit : - aider les ménages les plus pauvres en leur distribuant des produits de nettoyage et de désinfection des mains ; - mettre à la disposition des populations les produits alimentaires de 1ère nécessité à moindre coût ; - promouvoir/créer les activités génératrices de revenus ; - désinfecter régulièrement les bâtiments et lieux publics (marchés, etc.). Dans la même dynamique, près de 52% des Maires/Maires de villes pensent que pour faire face aux effets de la pandémie, la grande majorité des entreprises locales devront procéder à la réduction des heures de travail (62%), à la mise en chômage technique de certains employés (44%) et à la réduction des salaires (44%). Ces magistrats municipaux également que le Gouvernement devrait : garantir une plus forte implication des CTD dans la lutte contre la Covid-19 en augmentant les subventions qui leur sont allouées (21%) ; procéder au dépistage massif, gratuit et obligatoire des populations (14%) ; construire (ou renforcer les capacités) les formations sanitaires (FOSA) et les CTD pour le dépistage et la prise en charge des cas de Covid-19 (14%) ; veiller au respect des mesures barrières et en particulier la distanciation sociale dans les marchés, les transports publics et autres lieux publics (13%) ; intensifier la sensibilisation pour le respect des mesures gouvernementales (10%).

Figure 5. Répartition (en %) des municipalités par suggestion d'autres mesures à mettre en œuvre dans l'immédiat par le Gouvernement avec le concours des municipalités pour limiter l'impact de la pandémie.

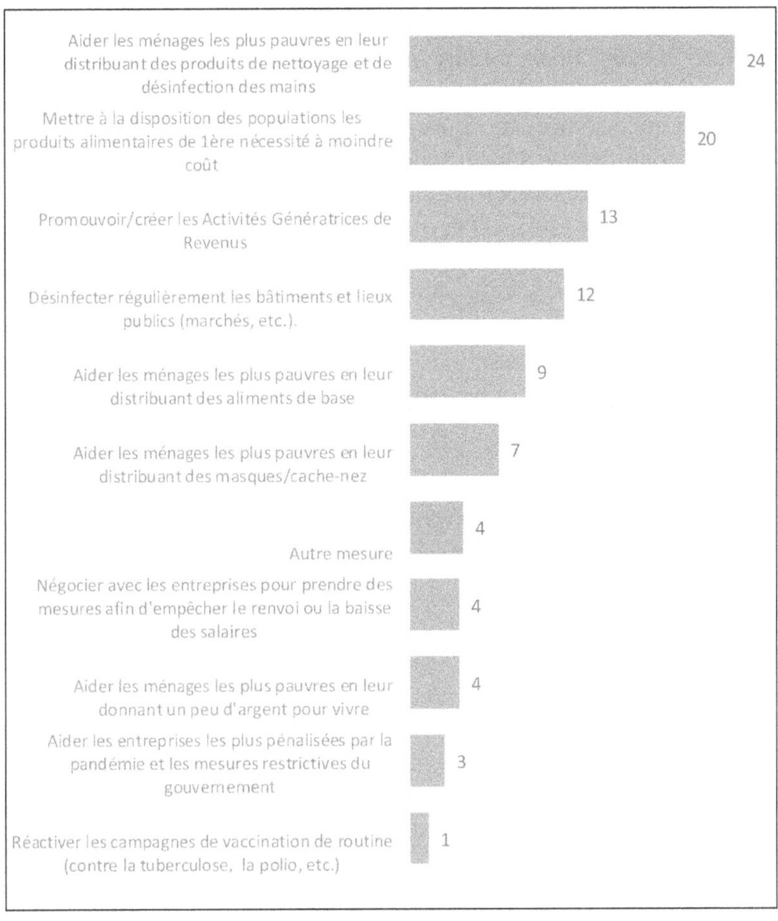

Source : INS, 2020.

III.2. Les mesures suggérées par les Maires/Maires de villes en termes de soutien et actions futures à conduire par le Gouvernement, les communes avec l'appui des partenaires au développement

Selon les Maires/Maires de villes, les trois principales rubriques budgétaires qu'il faudrait renforcer pour assurer le succès de leur plan de riposte contre la Covid-19 relèvent des aspects sociaux tels que l'assistance aux populations en cas de calamités naturelles/épidémie (22 %), les subventions aux centres sociaux (19 %), et les dons/cadeaux/secours (18 %). Dans cette dynamique, plusieurs autres mesures de soutien et actions futures sont suggérées par les Maires/Maires de villes pour être conduites par le

Gouvernement avec l'appui des partenaires au développement afin de renforcer les capacités de riposte locale et la résilience des communes et communautés de villes face au choc engendré par le coronavirus **(Graphique 6).** L'augmentation des subventions budgétaires allouées à la municipalité et dans une moindre mesure le renforcement de l'autonomie budgétaire de la municipalité constituent selon les Maires/Maires de villes les deux principales autres mesures de soutien et actions futures prioritaires que devrait conduire le Gouvernement avec l'appui des partenaires au développement pour renforcer les capacités de riposte locale et la résilience des CTD face la Covid-19. Dans la même perspective, environ 65% des Maires/Maires de villes pensent que ces deux acteurs majeurs devraient agir en urgence. Selon un Maire de ville : « *les besoins sont connus, ils portent sur le matériel médical, les masques, les protections pour le personnel soignant, les tests, médicaments, les vivres pour les plus démunis qui n'ont plus de source de revenu en raison du confinement, indispensable dans la lutte contre le Covid-19* ».

Figure 6. Répartition (en %) des municipalités par première mesure/action à prendre/conduire par le Gouvernement selon quelques caractéristiques.

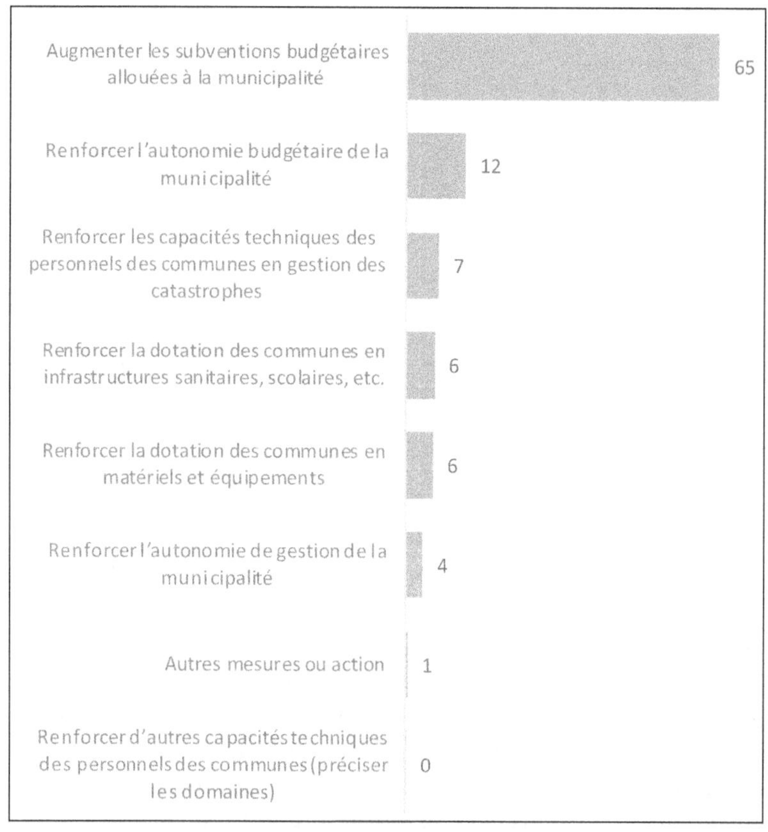

Source : INS, 2020.

IV. Conclusion

Au terme de cette analyse basée sur les « premiers savoirs empiriques »[6] concernant les effets économique et socio-culturel ainsi que les actions que les Maires/Maires de villes ont suggéré pour relancer l'action publique locale dans les communes du fait de la Covid-19, une observation générale peut être faite. Si cette pandémie a renforcé « *l'expérience continue de la discussion publique* » au sein des localités et « *l'exercice de la libre critique* » (Sen, 2005) à l'endroit du Gouvernement, les Maires et Maires de villes devraient se servir de cette crise sanitaire pour formuler des mesures de soutien et d'actions futures pour renforcer leur résilience face aux chocs provoqués par la Covid-19. Cette crise sanitaire se présente comme une fenêtre d'opportunité permettant aux communes et communes de villes de confectionner des politiques publiques locales de crises. Ces types de politiques publiques qui devront être mise en sens et mise en acte par les acteurs locaux avec l'appui de l'échelon central et les partenaires au développement auront pour mission d'impulser des matrices de développement pouvant parer à toutes crises et menace qui seraient susceptibles de subvenir dans l'avenir.

Bibliographie

Bret C, 2020. « COVID-19 Géopolitique du monde qui vient », Diplowed.com. La revue géopolitique, p.1.

Moungou Mbenda S et Ondoua Biwole V, (sous la dir), 2020. Epidémiologie de l'économie et confinement de l'organisation Covid-19, Yaoundé, Les Presses Universitaires de Yaoundé. Strauss-Kahn D, 2020. « L'être, l'avoir et le pouvoir dans la crise », Politique Internationale, p. 1.

Ponsot J-F, 2020. Les économistes mis en quarantaine. Grenoble, Presses Universitaires de Grenoble.

Minkonda H, Atanga L-A et Ekosso F, 2020. « Eléments pour une discussion analytique des mesures mises en œuvre par l'armée dans la lutte contre la propagation de la Covid-19 au Cameroun », Revue P&S-ASS Paix et Sécurité en Afrique subsaharienne N°01, septembre, p.3.

Rimbert P, 2020. « Fake News. Une fausse épidémie », Le Monde Diplomatique. Manière de Voir, p.1

---

[6] En effet, la neutralité scientifique impose que pour une étude pérenne qui est assortie des résultats avérés qui feront autorité dans le monde scientifique qu'une observation plus longue soit faite pour tirer des conclusions conséquentes. Cette étude s'est élaborée sur la période du 29 juin au 28 septembre 2020, c'est-à-dire près de 4 à 6 mois depuis le début de la propagation du coronavirus au Cameroun. Touchant déjà environ une commune sur trois, 33% des Maires et 69% des Maires de villes interviewés avaient affirmé qu'au moins un cas de personne détectée positive a été déclaré sur leur territoire de compétence.

Ricciardi T, 2020. « Pandémie et frontières : A la recherche du coupable », Gamba F et Nardone M et *al* (dir), 2020, COVID-19. Le regard des sciences sociales, Genève, Editions Seismo, p. 302.

Gicquel J-E, 2020. « Covid-19 : crise sanitaire et crise des normes », Recueil Dalloz, p. 1.

Berger P et Luckmann T, 1998. La construction sociale de la réalité, Armand Colin, Paris. Nwatchock A Birema O, 2020. « Jeux stratégiques et urgence sanitaire : la politisation laborieuse de la crise de coronavirus dans le monde », Revue internationale et stratégique, N° 119, p. 34.

Hamel T, 2020. « Pandémie Covid-19 : leçons pour le Bioterrorisme », Sécurité globale, N° 24, p. 7.

Fassin D et *al*, 2020. « La démocratie à l'épreuve de l'épidémie », Esprit, 10, p. 81. Sen A, 2005. *La Démocratie des autres. Pourquoi la liberté n'est pas une invention de l'Occident* [1999-2003], trad. par Monique Bégot, Payot, Paris.

Fassin D, 2020. « La valeur des vies. Éthique de la crise sanitaire », *Par ici la sortie !*, Seuil, juin, Paris.

Vers une transition des enseignements à distance via les technologies éducatives en Afrique : un exemple à partir du Cameroun

Towards a transition of distance learning via educational technologies in Africa: an example from Cameroon

NJOYA OUZEROU Carlos

Enseignant-Chercheur
Sciences de l'Éducation
Institut Universitaire de Développement International de Mokolo-Cameroun
carlosnjoya@gmail.com

Jules BALNA

Enseignant-Chercheur
Faculté des Arts, Lettres et Sciences Humaines
Université de Maroua – Cameroun
Laboratoire de Géographie
julesbalna@yahoo.fr

Résumé : Cette étude perçoit le contexte actuel dans lequel la problématique d'une utilisation pédagogique des Technologies de l'Information et de la Communication est devenue une nécessité contemporaine et d'avenir pour la communauté éducative. Il souligne l'importance de les considérer comme des instruments pionniers permettant d'adopter une autre stratégie d'enseigner, d'apprendre et de vivre dans un monde en perpétuelle mutation face aux calamités. De ce fait, l'approche ticelogique appliquée à 100 individus adoptée dans cette étude a permis de comprendre comment ces outils communicationnels sont considérés comme moyen sûr pour continuer la pratique pédagogique hors du contexte pédagogique traditionnel afin de faire face à la pandémie actuelle qu'est le Corona, qui est la cause de la suspension des enseignements dans les écoles.

Mots clés : Perception des TIC, Ressources technologiques, Virus Corona, Continuation pédagogique, Afrique.

Abstract: This study perceives the current context in which the problem of an educational use of Information and Communication Technologies has become a contemporary and future necessity for the educational community. He underlines the importance of seeing them as pioneering instruments for adopting a different strategy of teaching, learning and living in a world in perpetual change in the face of calamities. As a result, the ticelogical approach applied to 100 individuals adopted in this study made it possible to understand how these communication tools are considered as a sure way to continue the educational practice outside the traditional educational context in order to face the current pandemic that is Corona, which is the cause of the suspension of teaching in schools.

Keywords: Perception of ICT, Technological resources, Corona virus, Educational continuation, Africa.

I. Introduction

L'impulsion de la demande et de l'offre de l'éducation moderne, les mécanismes de construction des connaissances et des pratiques afférentes d'une part, la recherche de qualité dans le processus enseignement apprentissage d'autre part, se révèlent de plus en plus complexes et diversifiés du fait du développement exponentiel des technologies de l'information et de la communication (TIC) que connaissent, comme tous les autres secteurs de la société, les systèmes d'éducation formelle, non formelle et informelle. Précisément, les TIC sont abordées comme des outils de facilitation à des fins d'enseignement et d'apprentissage pour accroître la qualité de l'éducation et non comme une nouvelle méthode pédagogique.

Les enjeux pour le Cameroun d'intégrer les TICE sont multidimensionnels. Il s'agit en effet, de relever les défis dans un contexte où toutes les éducations du monde offrent des formations diplomates à distance et s'arrimer à la nouvelle donne mondiale qui prône les formations ouvertes à distance (FAD) pour une éducation de qualité, compétitive afin de développer la markétisation à l'ère de la globalisation de l'éducation.

Chaque système éducatif doit améliorer la qualité, l'adéquation formation-contenue et performance dans le but de s'arrimer à la norme internationale qui voudrait que chaque système éducatif intègre les TICE. Il est également question selon la loi d'orientation N° 98/ 004 du 14 avril 1998 de l'éducation au Cameroun, de former un citoyen enraciné dans sa culture et ouvert au monde extérieur.

Toutefois, l'intégration des TIC tarde à prendre son envol dans le système éducatif camerounais ; il faudrait la redynamiser car comme le souligne Karsenti (2009) : « Trop souvent en Afrique, on ne voit dans les TIC qu'une discipline à enseigner, à apprendre par cœur pourtant l'intégration pédagogique des TIC c'est bien plus, c'est l'usage des TIC par l'enseignement ou les élèves dans le but de développer des compétences ou de favoriser des apprentissages. L'intégration pédagogique des TIC, c'est dépasser l'enseignement de l'informatique et des logiciels. C'est amener les élèves à faire usage des TIC pour apprendre les sciences, les langues, les mathématiques. Intégrer les TIC c'est aussi faire usage des TIC pour enseigner diverses disciplines ».

Dans les mêmes perspectives, l'intégration des TIC dans le système éducatif est aussi importante tout comme le sont les formations à distance qui favorisent l'interaction, l'autonomie d'apprentissage, l'auto construction du savoir et la créativité. Cette intégration doit également offrir la possibilité d'atteindre toutes les couches sociales à la quête du savoir et certaines populations qui éprouvent des difficultés de scolarisation, dans le but de démocratiser l'éducation et l'accès à l'information à tous. L'intégration pédagogique des TIC via les Formation à Distance (FAD) par exemple présente également des avantages économiques certains dans le cadre où la mobilité physique est substituée par la mobilité virtuelle. En effet, soulignent Depover et Orivel (2012), « La mobilité virtuelle en lieu et place de la mobilité physique présente pour les responsables des politiques de développement des avantages économiques indéniables ».

Eu égard des enjeux multidimensionnels des TIC dans le processus éducationnel des différents sujets en situation de recherche et d'acquisition des savoirs, on ne peut pas s'empêcher de s'interroger à quand l'implémentation de cette innovation sera-t-elle réelle dans les systèmes éducatifs des pays africains situés au Sud du Sahara en général, et au Cameroun en particulier ? Cette vision introspective découle du constat selon lequel les enseignements-apprentissages sont suspendus dans les structures d'éducation formelle qui reste frontale en contexte camerounais au niveau de l'enseignement primaire, secondaire et supérieur à cause de la pandémie de covid19. De ce fait, plusieurs questionnements ont animé cette étude. Comment parvenir à couvrir le programme des enseignements suspendus à cause de la pandémie du covid19 ? Comment procéder au processus de remédiation des apprentissages hors classes traditionnelles suspendues à cause de la pandémie du covid19 ? Comment procéder au processus des évaluations des apprentissages chez les apprenants hors classes traditionnelles suspendues à cause de la pandémie du covid19 ? Comment procéder au processus de renforcement des capacités des apprenants candidats aux différents examens hors classes traditionnelles suspendues à cause de la pandémie du covid19 ? Que faut-il faire pour continuer l'encadrement des élèves et étudiants sans toutefois les exposés à la pandémie coronavirus ?

Ces interrogations constituent le fil conducteur de cette étude. L'idée est d'examiner de fond en comble la nécessité urgente de l'intégration pédagogique des TIC dans le système éducatif camerounais comme moyen de contournement de certaines calamités. Ce qui permettra à coup sûr d'impacter sur le bon fonctionnement de l'éducation comme le cas de confinement de tous les acteurs de la chaîne pédagogique à cause de la pandémie du covid19.

II. METHODOLOGIE

II.1. Objectif de la recherche

Globalement, la présente recherche a pour objectif de sensibiliser et interpeller les décideurs politiques à développer les stratégies concrètes de mise en œuvre des TIC dans l'éducation qui tarde à prendre son envol dans les établissements scolaires et des structures de formation et surtout ceux des zones péries urbaines du territoire National.

Spécifiquement, cette étude analyse, explique et dévoile comment l'intégration pédagogique des TIC de manière efficiente et efficace via l'usage concret de (E-learning, vidéoconférence, vidéo apprentissage, FAD, FOAD, EAO, etc.) pourrait empêcher la suspension des enseignements apprentissages qui est causée par la pandémie du covid19, afin que les formateurs poursuivent les enseignements, progressent pour couvrir les programmes des enseignements et de formation, continuent le processus de remédiation des apprentissages au terme des différentes évaluations des acquis et des savoirs faires, et, soutiennent davantage les apprenants qui sont candidats aux examens à affronter les épreuves tout en ayant capitalisé un confort cognitif durant la période de confinement.

II.2. Hypothèse de recherche

Bien plus, dans le processus d'éducation des jeunes camerounais étant hors du contexte de formation formelle, se trouvant dans les zones urbaines que péries urbaines continueraient à suivre sa formation, son évaluation et remédiation, capitaliseraient son confort cognitif et affronteraient son examen de fin d'année sans crainte tout au long du confinement causé par la pandémie covid19. À ce titre, le corpus des hypothèses qui gouverne la toile de recherche est constitué d'une hypothèse générale qui stipule que l'intégration pédagogique des TIC de manière efficiente et efficace via l'usage concret de (E-learning, vidéoconférence, vidéo apprentissage, FAD, FOAD, EAO, etc.) dans l'éducation permettrait la continuité pédagogique pendant la période de confinement afin de limiter la propagation du covid19 au Cameroun.

Considérablement, afin que les formateurs poursuivent les enseignements, progressent pour couvrir les programmes des enseignements et de formation, continuent le processus de remédiation des apprentissages au terme des différentes évaluations des acquis et des savoirs faires, et, soutiennent davantage les apprenants qui sont candidats aux examens à affronter les épreuves tout en ayant capitalisé un confort cognitif durant la période de confinement, cette hypothèse a été sondée. Pour mesurer cette hypothèse, nous avons posé le postulat suivant : l'intégration pédagogique des TIC de manière efficiente et efficace via l'usage concret de (E-learning, vidéoconférence, vidéo apprentissage, FAD, EAO, etc.) dans l'éducation pourrait-elle permettre la continuité pédagogique pendant la période de confinement afin de limiter la propagation du covid19 au Cameroun? Ce postulat rend à suffisance compte de la congruence entre l'objectif opérationnel et les questionnements spécifiques inhérents à cette étude.

II.3. Collecte des données

Pour vérifier cette hypothèse, une recherche exploratoire ponctuée a été conduite par des enquêtes sur les trois différentes plateformes des enseignants dépendant des différents ordres (supérieur, secondaire et primaire). L'échantillon a été choisi en fonction de la proximité à notre localité. Ainsi, 100 enseignants de la région du centre au Cameroun ont répondu aux questionnaires qui ont été administrés dans trois différents forums des enseignants répartis de la manière suivante : 25 enseignants dépendant du forum des enseignants du supérieur, 30 enseignants dépendant du forum des enseignants du secondaire et 45 enseignants dépendant du forum des enseignants du primaire. La collecte des données a été faite à l'aide d'un questionnaire en concordance avec toutes les dimensions pertinentes y afférentes. Ce sont ces dimensions que l'on appelle indicateurs car, disposant d'une valeur qui change en fonction des différents acteurs. Pour l'hypothèse de ce travail, les variables (indépendante et dépendante) qui renferment la notion de l'intégration pédagogique des TIC de manière efficiente et efficace a été mesurée par l'usage concret de (E-learning, vidéoconférence, vidéo apprentissage, FAD, FOAD, EAO, etc.) dans le processus enseignement apprentissage dans le contexte (établissement) et hors du contexte de formation.

III. Cadre conceptuel de l'etude

Cette recherche s'inscrit dans le cadre de la sociologie de l'innovation. C'est un champ de la sociologie contemporaine. Elle privilégie l'analyse des usagers et s'interroge sur les relations des usagers avec les technologies. Cette étude s'inscrit aussi dans le cadre des sciences de l'éducation qui s'entendent comme une composante pluridisciplinaire qui nécessite en même temps des innovations pour s'arrimer au contexte de la globalisation de l'éducation à l'ère du numérique. C'est les mêmes perspectives que certains auteurs se sont penchés pour analyser l'importance inédite de l'intégration pédagogique des TIC dans l'éducation. C'est ainsi que Fonkoua (2006 a) prône pour une approche conceptuelle dite « Ticelogie encore appelée

Techno-pédagogie », qu'il entend par science de l'intégration des Techniques de l'Information et de la Communication dans le processus d'Éducation (TICE). Ainsi, elle contribue à l'atteinte de quatre niveaux de compétence à savoir les compétences techniques liées à la connaissance de l'environnement informatique, les compétences méthodologiques et pédagogiques, les compétences didactiques et les compétences de recherche. Cette approche se penche de plus en plus sur un système éducatif, pour ce qui est de l'acte enseignement apprentissage ; les approches pédagogiques cognitivistes qualifiées de « constructivistes » sont encouragées à côté des approches traditionnelles transmissives dérivées des thèses béhavioristes. Dans un monde où la révolution des technologies numériques bouleverse les modes d'accès aux savoirs, les enjeux fondamentaux de l'intégration pédagogique des TIC se traduisent par une modification.

Les TIC représentent un important moyen tant elles permettent de faire circuler, que de diffuser rapidement l'information. Elles participent ainsi à une plus grande collaboration entre les responsables, les responsables et les enseignants, les enseignants et les apprenants. C'est dans les perspectives que Karsenti affirme dans ses travaux que l'intégration des technologies de réseau dans l'enseignement fait apparaître plusieurs enjeux essentiels dont les plus remarquables concernent les enjeux administratifs qui relèvent particulièrement des décideurs et des chefs d'établissements ; les enjeux pédagogiques et didactiques auxquels font face les formateurs et les formés; et les enjeux culturels et éducatifs qui semblent influer sur l'ensemble des acteurs du système éducatif notamment les équipes éducatives, les élèves et les parents (Karsenti, 2003).

Ainsi, avec l'introduction des TIC dans le système éducatif camerounais, aucun secteur ne doit être épargné, que ce soit au niveau de l'intégration des TIC dans le système éducatif, ou alors au niveau de la formation continue des apprenants même en cas des calamités comme le cas de pandémie de covid19 qui a causé la suspension des enseignements apprentissages à tous les niveaux de formation (supérieur, secondaire et primaire). D'où la nécessité urgente d'intégrer les TICE et procéder à la formation continue des apprenants à distance et limiter la propagation du coronavirus lors des enseignements présentiels où les apprenants sont assis côte à côte à cause l'effectif pléthorique et où l'enseignant fait face à face avec les apprenants. De ce fait, l'usage des TICE permettra aux enseignants utilisant la plateforme de construire un savoir collectif. Ainsi le conflit sociocognitif s'éloigne de la conception individualiste de Piaget. Vygotsky prétend que les interactions sociales sont primordiales dans un apprentissage. Il a développé le concept de la Zone Proximale de Développement dans laquelle l'individu peut progresser grâce à l'appui de l'autre.

IV. Resultats

IV.1. Des techniques optées pour la continuation pédagogique par le forum des enseignants de l'éducation de base pour limiter la propagation du covid19

Bien que, les enseignants enquêtés appartiennent aux différents forums indépendants, il convient de noter que leur point de vu reste convergeant sur la plus-value des TIC comme moyen sûr pour la continuation de la pratique pédagogique même en cas des calamités comme le cas de la pandémie covid19 qui est la cause des suspensions des activités pédagogiques de manière frontale dans les classes traditionnelles ou dans les amphis.

Pour les enseignants dépendant du Forum des enseignants de l'éducation de Base, ils conviennent que l'utilisation de technique d'enseignement et apprentissage par Vidéoconférence, Vidéo apprentissage, Enseignement Assisté par Ordinateur (EAO) seraient les meilleures approches pour la continuation pédagogique dans le contexte et même hors contexte de formation pour les jeunes enfants du primaire. Ces techniques pourraient contourner le confinement de la population en cours de scolarisation afin de limiter la propagation de la pandémie du covid19. Ils soutiennent par ailleurs que ces techniques restent stimulantes et captivantes de l'attention des jeunes élèves.

Les enseignants interrogés sont diversement expérimentés comme l'illustre les données de la figure 01 ci-dessous.

Figure 1. Récapitulatif des techniques optées pour la continuation pédagogique par le forum des enseignants de l'éducation de base pour limiter la propagation du covid19

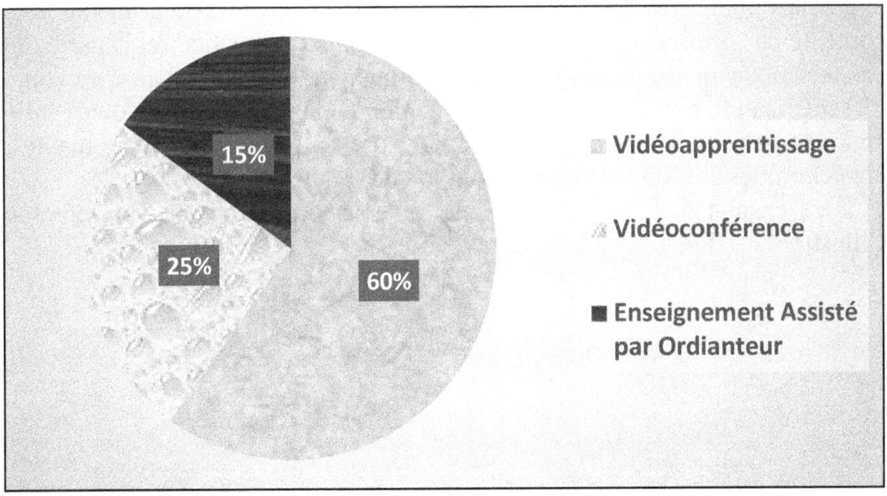

Source : Enquêtes de terrain (avril, 2020)

Il ressort de cette figure que sur 45 enseignants interrogés dépendant du forum de l'éducation de base, 27 enseignants (60%) affirment que l'enseignement par la technique d'apprentissage par vidéo apprentissage est le moyen sûr pour limiter la propagation de la pandémie covid19 dans le contexte de formation comme hors du contexte de formation. Pour les 11 autres enseignants (25%), ils soutiennent que le style d''enseignement par vidéo-conférence est le moyen sûr pour limiter la propagation de la pandémie covid19 dans le contexte de formation comme hors du contexte de formation. Et enfin, 07 enseignants soit (15%) estiment que le procédé d''Enseignement Assisté par Ordinateur est le moyen sûr pour limiter la propagation de la pandémie covid19 dans le contexte de formation comme hors du contexte de formation.

Il a été constaté que le corps enseignant de l'éducation de base au Cameroun souhaite que l'intégration pédagogique des TIC soit effective dans tous les secteurs du territoire national et surtout dans les structures qui ont la mission de former et éduquer la société en tenant compte de l'évolution du monde.

IV.2. Procédés optés de continuation pédagogique par le forum des enseignants du secondaire pour limiter la propagation du COVID 19

Pour les enseignants dépendant du Forum des enseignants du secondaire, ils conviennent que l'utilisation de technique d'enseignement et apprentissage par E-learning, Vidéoconférence, Vidéo apprentissage, Enseignement Assisté par Ordinateur (EAO) seraient les meilleures approches pour la continuation pédagogique dans le contexte et même hors contexte de formation pour les jeunes apprenants du secondaire. L'usage de ces techniques pourrait contourner le confinement de la population en cours de scolarisation afin de limiter la propagation de la pandémie du covid19. Ils soutiennent par ailleurs que ces techniques restent motivantes, stimulantes, concentriques et séduisantes de l'attention des jeunes élèves.

Les enseignants interrogés sont diversement expérimentés comme l'illustrent les données de la figure 02 ci-dessous.

Figure 2. Procédés optés de continuation pédagogique par le forum des enseignants du secondaire pour limiter la propagation du COVID 19

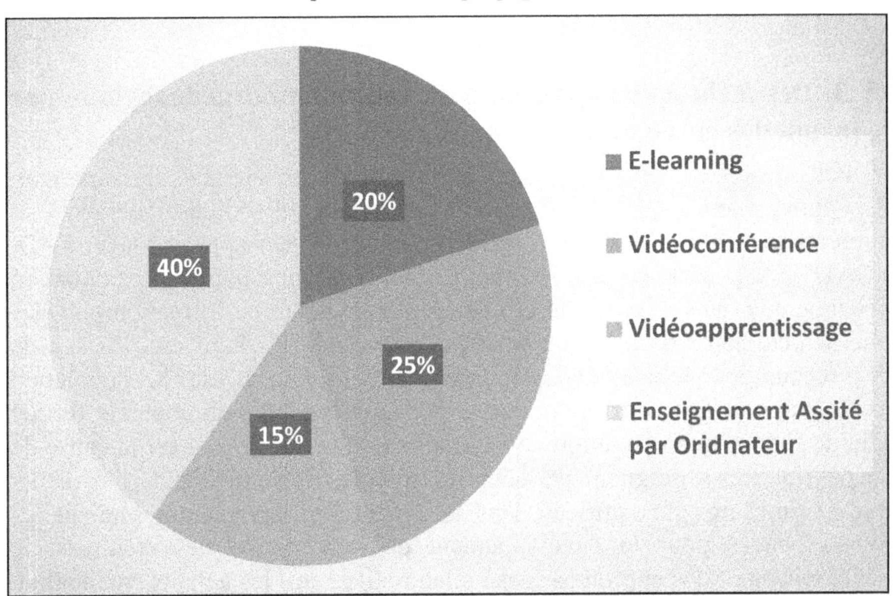

Source : Enquêtes de terrain (avril, 2020)

Il ressort de cette figure que sur 30 enseignants interrogés dépendant du forum des enseignants du secondaire, 06 enseignants (20%) affirment que l'enseignement par la technique de E-learning est le moyen efficace pour limiter la propagation de la pandémie covid19 dans le contexte de formation comme hors du contexte de formation. Alors 08 enseignants (25%) pensent que l'usage de Vidéoconférence est le moyen efficace pour la continuité pédagogique afin de limiter la propagation de la pandémie covid19 dans le contexte de formation comme hors du contexte de formation. Toutefois, 04 enseignants (15%) soutiennent que le procédé d'apprentissage par vidéo apprentissage est le moyen sûr pour la continuité pédagogique afin de limiter la propagation de la pandémie covid19 dans le contexte de formation comme hors du contexte de formation. En fin, 12 enseignants (40%) soutiennent que le style d''Enseignement Assisté par Ordinateur est le moyen sûr pour la continuation pédagogique afin de limiter la propagation de la pandémie covid19 dans le contexte de formation comme hors du contexte de formation.

Il ressort de cette figure que le corps enseignant dépendant du forum des enseignants du secondaire au Cameroun souhaite que l'intégration pédagogique des TIC soit effective pour aider les enfants à renforcer leur capacité intellectuelle et s'arrimer à la nouvelle donne mondiale, qui voudrait que l'éducation de qualité soit compétitive de manier durable tout au long de la vie. Sur cette vision, l'usage des TIC pourrait développer la continuation pédagogique hors du contexte de formation et limiter davantage la diffusion de la pandémie covid19.

IV.3. Des techniques optés pour la continuation pédagogique par le forum des enseignants du supérieur

Pour les enseignants dépendant du Forum des enseignants du supérieur, ils conviennent que l'utilisation de technique d'enseignement et apprentissage par (E-learning, vidéoconférence, vidéo apprentissage, FAD, FOAD, EAO, etc) seraient les meilleures approches pour la continuation pédagogique dans le contexte et même hors contexte de formation pour les tous les étudiants dans les universités camerounaises. Pour eux l'usage de ces techniques pourraient contourner le confinement de la population estudiantine et favoriser la continuité pédagogique hors du contexte formel afin de limiter la propagation de la pandémie du covid19 qui est la cause de suspension des enseignements dans les amphis. Ils soutiennent par ailleurs que ces mesures innovatrices dans la pédagogie universitaire seraient les plus efficaces pour le développement de l'autonomie des étudiants, le développement des apprentissages collaboratifs entre les actants en situation de recherche. Considérant les TIC comme outil de médiation cognitive dans le processus d'interactivité, il en demeure déterminant que les TIC dans l'éducation constituent une voie de résolution des problèmes que rencontre l'éducation comme le cas de la pandémie du covi19 qui a causé le sèchement des enseignements dans les amphis traditionnels. Les enseignants interrogés sont diversement expérimentés comme l'illustre les données de la figure 03 ci-dessous.

Figure 3. Techniques optés pour la continuation pédagogique par le forum des enseignants du supérieur

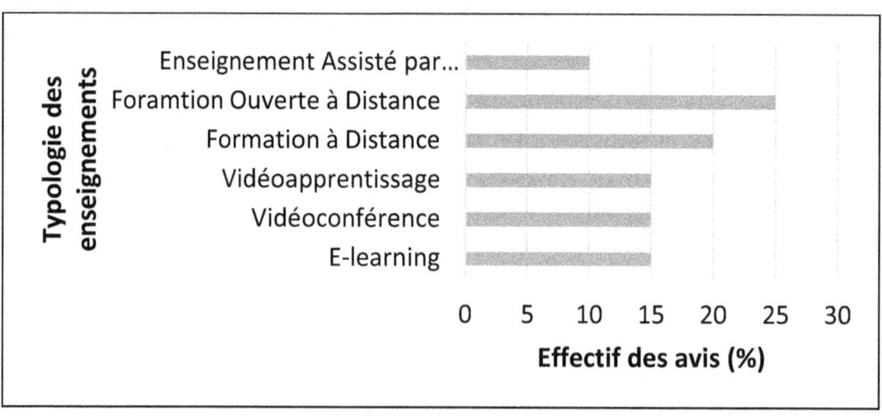

Source : Enquêtes de terrain (avril, 2020)

Il ressort de cette figure que sur 25 enseignants interrogés dépendant du forum des enseignants du supérieur, 04 enseignants (15%) affirment que l'enseignement par la technique de E-learning est le moyen efficace pour limiter la propagation de la pandémie covid19 dans le contexte de formation comme hors du contexte de formation. Alors 04 enseignants (15%) pensent que l'usage de Vidéoconférence est le moyen efficace pour la continuité pédagogique afin de limiter la propagation de la pandémie covid19 dans le contexte de formation comme hors du contexte de formation. Toutefois, 04 enseignants (15%) soutiennent que le procédé d'apprentissage par vidéo apprentissage est le moyen sûr pour la continuité pédagogique afin de limiter la propagation de la pandémie covid19 dans le contexte de formation comme hors du contexte de formation. En suite 05 enseignants (20%) soutiennent que le style d''Enseignement via la Formation à Distance (FAD) est le moyen sûr pour la continuation pédagogique afin de limiter la propagation de la pandémie covid19 dans le contexte de formation comme hors du contexte de formation. Par la suite 6 enseignants (25%) soutiennent que la Formation Ouverte à Distance (FOAD) est le moyen sûr pour la continuation pédagogique afin de limiter la propagation de la pandémie covid19 dans le contexte de formation comme hors du contexte de formation. Bien plus, 2 enseignants (10%) affirment que le procédé d'Enseignement Assisté Par Ordinateur (EAO) est une voie de résolution idoine pour la continuation pédagogique afin de limiter la propagation de la pandémie covid19 dans le contexte de formation comme hors du contexte de formation.

De cette figure, il ressort que le corps enseignant dépendant du forum des enseignants du supérieur au Cameroun conçoit que l'intégration pédagogique des TIC est une condition déterminante, efficace et efficiente pour la continuation pédagogique afin de limiter la propagation de la pandémie covid19 dans le contexte de formation comme hors du contexte de formation. Sur cet esprit les universitaires pensent que pour pouvoir apprendre plus efficacement autrement hors contexte de formation, la formation via la toile pourrait contourner le confinement des apprenants issus des différents ordres de formation.

Il faut aussi préciser que les valeurs ajoutées pour l'intégration pédagogique des TIC sont nombreuses. Elle permet la responsabilisation des apprenants ; l'approfondissement des contenus selon la formation visée ; la participation interactive aux activités ; l'adaptation de la formation aux besoins réels des enseignants, le développement des compétences, la coopération et la collaboration.

V. Des suggestions pour la continuation pedagogique afin de limiter la propagation du Covid19

La résolution de problèmes signifie la réflexion et l'action orientées vers un but dans des situations pour lesquelles aucune solution de routine n'existe. La personne qui cherche à résoudre un problème a défini un objectif de façon plus ou moins précise, mais ne sait pas exactement comment l'atteindre. L'incompatibilité des objectifs et des opérateurs admissibles est un problème. La compréhension du problème et sa transformation par étapes, fondée sur la planification et le raisonnement, constituent le processus de résolution du problème.

De ce fait, dans le cadre de cette étude, des suggestions sont formulées pour contourner et continuer à dispenser des cours aux apprenants. Il s'agit de :

- Proposer aux décideurs politiques de mettre sur pied des dispositifs logistiques et infrastructurelles pouvant accompagner l'implémentation des outils TIC dans toutes les structures de formation et de développer un environnement numérique d'apprentissage, remédier le problème de la fracture numérique afin de combler le fossé qui existe entre les apprenants situés dans la zone urbaine et ceux situés dans la zone périe urbaine du Cameroun.
- Proposer aux décideurs politiques de créer le portail numérique de chaque Ministère en charge de l'éducation et de la formation professionnelle et développer les stratégies de formation des Inspecteurs Nationaux et Régionaux à l'utilisation efficace et efficiente des TIC, ceux-ci devraient former aussi les enseignants pour faire usage de ces technologies dans leurs processus enseignements apprentissages.
- Proposer aux décideurs politiques de développer la culture du numérique chez tous les acteurs intervenants dans la chaine administrative de l'Etat en général et celle de l'éducation en particulier d'interagir via les TIC pour éviter les contacts physiques surtout en période de confinement, ceci dans l'optique d'éviter le dysfonctionnement de l'appareil étatique (Ecole) qui est le pallier de développement durable.
- Inviter les décideurs politiques d'appréhender les TIC comme outils de résolution des problèmes éducatifs lorsque l'Etat fait face aux graves calamités pouvant orchestrer le confinement et la suspension des enseignements apprentissages dans certaines zones du pays comme (les exactions de Boko Haram dans la partie septentrionale du Cameroun, la crise qui se vit dans les deux régions Anglophones du Cameroun). Face à ces phénomènes, le politique qui a pour mission de définir le type d'homme à former pour les besoins de son Etat se doit développer une politique Ticelogique pour la continuation de l'éducation de la jeunesse qui se trouverait hors du contexte de formation régulière.

VI. Conclusion

L'un des rôles alloués aux universités et établissement de formation est donc de promouvoir « un enseignement et un apprentissage plus flexibles et plus ouverts sur le marché du travail en exploitant le potentiel qu'offrent les nouvelles technologies de l'information et de la communication (TIC) ». À cet effet, les enjeux liés à l'utilisation des TIC sont nombreux: ils visent la modernité des structures de formation avec le partage et la mutualisation des ressources entre formateur ; l'information et l'accessibilité au réseau internet et intranet ; les enjeux d'ordre organisationnel qui consisterait à la gestion du dispositif de formation ainsi que les enjeux pédagogiques. L'utilisation des TIC permet également la responsabilisation, l'autonomie des enseignants, et favorisent l'apprentissage. Avec la formation continue des apprenants grâce à l'usage des outils TIC, les méthodes d'apprentissages font appel aux socioconstructivistes. Les différents acteurs impliqués dans le processus d'apprentissage proposent les différents types d'activités collaboratifs, et ensemble, les enseignants construisent un savoir collectif pour aboutir à l'amélioration des pratiques des classes traditionnelles.

Eu égard de la plus-value des TIC, il ressort que cette étude avait pour objectif de sensibiliser et interpeller les décideurs politiques à développer les stratégies concrètes de mise en œuvre des TIC dans l'éducation qui tarde à prendre son envol dans les établissements scolaires et des structures de formation et surtout ceux des zones péries urbaines du territoire national d'une part et analyser, expliquer et dévoiler comment l'intégration pédagogique des TIC de manière efficiente et efficace via l'usage concret de (E-learning, vidéoconférence, vidéo apprentissage, FAD, FOAD, EAO, etc.) pourrait empêcher la suspension des enseignements apprentissages qui est causée par la pandémie du covid19, afin que les formateurs poursuivent les enseignements, progressent pour couvrir les programmes des enseignements et de formation, continuent le processus de remédiation des apprentissages au terme des différentes évaluations des acquis et des savoirs faires, et, soutiennent davantage les apprenants qui sont candidats aux examens à affronter les épreuves tout en ayant capitaliser un confort cognitif durant la période de confinement d'une part.

Pour vérifier l'hypothèse de ce travail, nous avons conduit une recherche exploratoire ponctuée par une enquête sur les trois différentes plateformes des enseignants dépendant des différents ordres (supérieur, secondaire et primaire). L'échantillon a été choisi en fonction de la proximité à notre localité. Ainsi, 100 enseignants de la région du centre au Cameroun ont répondu aux questionnaires qui ont été administrés dans trois différents forums des enseignants répartis de la manière suivante : 25 enseignants dépendant du forum des enseignants du supérieur, 30 enseignants dépendant du forum des enseignants du secondaire et 45 enseignants dépendant du forum des enseignants du primaire. La collecte des données a été faite à l'aide d'un questionnaire en concordance avec toutes les dimensions pertinentes y afférentes.

En outre notre réflexion autour de cette thématique découle des différentes observations faites sur les grandes calamités qui ont entrainé le confinement et fermeture des écoles dans le monde avant l'arrivée des TICE à savoir : la pandémie de la peste en 1720, en 1820 la pandémie du choléra et en 1920, pandémie de la grippe espagnole. À l'heure des TICE 2020 nous vivons la pandémie du covid19.

Certes les grandes puissances ont aussi procédé au confinement à cause de covid19 et la suspension des enseignements dans les écoles régulières, mais ils ont continué à former à distance les jeunes apprenants sans toutefois les sevrer des apprentissages comme dans le contexte camerounais. Au vue de ces pandémies à répétition il est nécessaire et urgent d'intégrer réellement les TIC dans l'enseignement en contexte Camerounais pour éviter la rupture de formation continue des apprenants même en cas des pandémies et autre calamités. Donc intégrer concrètement les TIC dans l'éducation au Cameroun pour éviter la fermeture des écoles lors des prochaines pandémies qui peuvent survenir dans un avenir proche ou lointain.

Bien plus, il est important de souligner que la pandémie du Sida sévit le monde depuis les années 80 et à nos jours les chercheurs n'ont pu trouver ni vaccin ni médicaments. Il est donc raisonnable de se préparer à dispenser des enseignements hors contexte de formation régulier à travers les TIC au cas où la pandémie du covid19 sévirait longtemps sans remède comme le Sida. Les enseignements à distance pourraient aussi être une solution pour définitivement régler la question des effectifs des classes dans les universités d'Etat africaine en général, et celles camerounaises en particulier. Ainsi, réfléchir à la durée éventuelle du confinement et la suspension de l'école liée au Covid19 et planifier la politique éducative en conséquence interpelle notre conscience.

En somme les résultats de cette étude ont montré que la politique d'intégration pédagogique des TIC est le moyen incontournable pour la continuation de la pratique pédagogique en cette période de confinement lié à la pandémie du Covid19 au Cameroun.

Vu dans cet esprit, les décideurs politiques ne devraient pas considérer les TIC comme outils de prévention des calamités (fermetures des écoles causées par les pandémies, des guerres, des catastrophes conventionnelles ou naturelles) et de gestion efficient de ces calamites ?

BIBLIOGRAPHIE

Biya, P. (2014). « *Discours à la jeunesse lors de la 48ème fête nationale de la Jeunesse* », 10 février 2014.

Depover C., et Orivel F., (2012). Principes de la planification de l'éducation : Les pays en développement à l'ère du e-learning, Paris, UNESCO, CNRS.

Drucker P. (2003). Au-delà du capitalisme. Paris : Dunod.

Fonkoua, P. (2006). *Approche conceptuelle de la « ticelogie » ou science de l'intégration des TIC dans la formation des formateurs*. Dans P. Fonkoua (dir.) Intégration des TIC dans le processus enseignement-apprentissage au Cameroun (pp. 223-234). Éditions terroirs, Rocare Cameroun.

Karsenti, T. (2003). « Problématique actuelle et axe de recherche prioritaire dans le domaine des Technologies de l'Information et de la Communication (TIC) en contexte africain ». Rapport préparé pour le Centre de Recherche pour le Développement International (CRDI), Canada.

Karsenti, T. (dir.). (2009). Intégration pédagogique des TIC : Stratégies d'action et piste de réflexion. Ottawa : CRDI.

La loi d'orientation N° 98/ 004 du 14 avril 1998 de l'éducation au Cameroun.

Messaoudi, F., et *al*. (2012). *FOAD : Défis d'une solution prometteuse pour la formation continue des enseignants*, frantice.net, numéro 5 : http://www.frantice.net/docannexe/fichier/617/4.pdf

Les difficultés en formation à distance : le cas des étudiants de l'Université Virtuelle de Côte Ivoire (UVCI)

Difficulties in distance learning: the case of students from the Virtual University of Côte Ivoire (UVCI)

HOLO Amon Kassi

Enseignant-chercheur
Ecole Normale Supérieure d'Abidjan, Côte d'Ivoire
amonholo@ensabj.ci

KONE Tiemoman

Enseignant-chercheur
Université Virtuelle de Côte d'Ivoire (UVCI)
dg@uvci.edu.ci

KOUASSI Saha Bernard

Enseignant- chercheur
Larit / INP-HB, Abidjan, Côte d'Ivoire
benitosaha@gmail.com

Résumé : Cette étude exploratoire a pour objet de rendre compte des difficultés et perceptions des étudiants de l'Université Virtuelle de Côte d'Ivoire (UVCI) de la formation ouverte et à distance (FOAD). Nous avons à cette fin, interrogé ceux de la licence à l'aide d'un questionnaire en ligne. Les résultats montrent que la majorité d'entre eux expriment leur insatisfaction vis-à-vis de ce modèle d'enseignement eu égard aux difficultés perçues, d'ordre technique, pédagogique et social. Ils recommanderaient néanmoins ce type de formation pour certains avantages qu'il procure, notamment, le fait de pouvoir concilier étude et activité professionnelle, le privilège d'effectuer des études dans le domaine du numérique, la liberté supposée de la gestion du temps et l'économie des déplacements liés aux études.

Mots clés : Difficultés, Etudiants, UVCI, FOAD

Summary: The purpose of this exploratory study is to report on the difficulties and perceptions of the students of the Virtual University of Côte d'Ivoire (UVCI) of open and distance learning. To this end, we interviewed those in the license using an online questionnaire. The results show that the majority of them express their dissatisfaction with this teaching model with regard to the perceived difficulties of a technical, pedagogical and social nature. They would nevertheless recommend this type of training for certain advantages that it provides, in particular, being able to reconcile study and professional activity, the privilege of carrying out studies in the digital field, the supposed freedom of time management and the economy of travel related to studies.

Keywords: Difficulties, Students, UVCI, FOAD

I. INTRODUCTION

Les outils et instruments numériques sont devenus des objets du quotidien, entrant de plein pied dans presque toutes les activités de la vie, notamment dans la sphère de l'éducation. Les médias numériques sont de plus en plus utilisés comme supports, vecteurs d'enseignement et d'apprentissage, facilitant, favorisant, diversifiant ainsi les formes de formation déclinées en présentiel enrichi, formation hybride ou tout à distance.

Aujourd'hui de nombreuses instituions universitaires font recours à la FOAD pour répondre à un manque d'infrastructures universitaires afin de faire face au nombre de plus en plus croissant d'étudiants. Les missions assignées à ces institutions sont également de vulgariser l'enseignement en ligne, de développer des offres de formation ouverte à distance, la production en format numérique des cours magistraux, des travaux dirigés et des travaux pratiques ; de rendre les ressources pédagogiques des domaines de formation disponibles et accessibles. Cette étude exploratoire a pour objectif d'examiner les défis d'ordre pédagogique technique… liés à la formation ouverte et à distance.

La pandémie du COVID 19 a imposé aux gouvernements des pays touchés par cette maladie, la prise de mesures d'urgence dont la fermeture des lieux de travail, le confinement, la distanciation physique… Cette situation a contraint les établissements scolaires et universitaires à fermer leurs portes pour faire recours à la formation à distance afin que l'enseignement et l'apprentissage puissent se poursuivre. C'est ainsi que nous avons assisté en Afrique, notamment, à la mise en place de dispositifs de formation à distance en plus des institutions universitaires dispensant traditionnellement de la FOAD (the Open University of Tanzania créée en 1992, l'Université virtuelle de Tunis, the national open University of Nigeria en 2002, l'Université Virtuelle du Sénégal en 2013, l'Université Virtuelle de Côte d'Ivoire (UVCI) en 2015…

Ce modèle pédagogique tend à se développer avec les mesures liées à la pandémie du COVID 19. La présente étude cherche à étudier les perceptions, les difficultés des étudiants suivant ce type d'enseignement. A cet effet, nous nous sommes posé les questions suivantes : Comment Les étudiants perçoivent-ils la formation à distance?, quelles sont les difficultés auxquelles sont-ils confrontés ?

II. Cadre theorique

II.1. Etat de la question

La littérature portant sur la FOAD est prolifique, nous nous intéresserons dans cette étude, à celles faisant état de difficultés rencontrées par les apprenants, de perceptions diverses pouvant conduire ceux-ci à l'échec, à l'abandon de leur formation. Sans être exhaustif, nous rappelons quelques études.

Papi et Glikman (2015) ont interrogé des étudiants sur leurs opinions concernant les cours en présentiel, en ligne et hybrides. Elles ont montré que la plupart des répondants apprécient l'emploi des technologies non seulement pendant les cours comme moyen de les dynamiser, mais aussi en ligne, où elles rendent les contenus accessibles à tout moment. Les étudiants continuent néanmoins d'exprimer un fort attachement au cours magistral, ainsi qu'aux travaux dirigés qui leur permettent d'interagir directement avec les professeurs et les autres étudiants. Quant à Dussarps (2014), il évoque la dimension socio-affectif comme motif d'abandon des étudiants à distances en plus bien entendu d'autres facteurs, notamment les dimensions cognitives, métacognitives, motivationnelles, du capital confiance initial, liées au dispositif de FOAD. Pour l'auteur, l'abandon est dû à des facteurs tant internes qu'externes à l'individu. Certains facteurs présents avant le début de la formation permettent d'établir des profils d'apprenants « à risque », davantage susceptibles d'abandonner par la suite dans des situations où d'autres persévéreront, comme le motif initial de suivi de la formation. Pour d'autres, précise l'auteur, c'est le vécu de la formation qui permettra d'identifier les raisons de l'abandon. Tout comme Dossou (2010) qui établit trois catégories de difficultés, la première est liée aux caractéristiques personnelles de l'apprenant (motivations, autodiscipline, pouvoir d'achat, antécédents scolaires, styles et stratégies d'apprentissage), celle en rapport avec l'environnement socio-professionnel, technologique, enfin celle relative à l'institution de formation (caractéristiques du dispositif : scénario pédagogique, tutorat, regroupement, attrait du programme, certification, centres de ressources). Estimant que parmi ces multiples facteurs identifiés, les facteurs « motivation et encadrement » apparaissent significatifs parce qu'ils sont plus directement liés à la décision des apprenants de persévérer ou d'abandonner leur formation. En ce qui concerne Karsenti et Collin (2010), ils ont effectué une étude auprès de 626 apprenants adultes en FOAD, indiquant que la motivation des étudiants à suivre ce type de formation est à envisager dans la perspective d'une formation continue leur permettant de développer leurs compétences professionnelles. Les auteurs soulignent que les difficultés rencontrées sont de plusieurs ordres (techniques, pédagogiques et infrastructurelles) mais les FOAD génèrent malgré tout un haut degré de satisfaction et de réels bénéfices chez les participants interrogés.

Pour d'autres, notamment Denami et Marquet (2015), bien que la littérature scientifique fasse état d'un fort taux d'échec de ces formations, doublé d'un phénomène d'abandon et d'insatisfaction très élevé, montrent que les outils FOAD bien adaptés contribuent à rompre le sentiment d'isolement, un des facteurs d' échec. Ils relèvent également que les étudiants qui choisissent leurs études en FOAD réussissent mieux que ceux à qui le choix leur est imposé. Plateau (2020) aboutit à la même conclusion après analyse des résultats de 26 étudiantes en FOAD dans le secteur médical montre que la qualité du dispositif FOAD, tant technique, formative que sur le plan de l'accompagnement est susceptible de supprimer les difficultés rencontrées en formation en ligne, notamment le besoin d'accompagnement, d'autonomisation, de motivation, favorisant ainsi la réussite des apprenants.

Pour Ros-Papadoudi (2004), la gestion du temps et de l'espace sont primordiales. Selon les témoignages des étudiants interrogés, les difficultés principales sont dues au manque de temps. Les apprenants prennent consciences que ni la disponibilité des ressources, ni la qualité ou la souplesse des formations à distance ne peuvent résoudre à elles seules le problème. Elle indique également que le quotidien pèse de tout son poids, les attitudes des personnes co-présentes dans l'espace non institutionnel deviennent souvent déterminants dans la mise en œuvre des objectifs de formation et dans l'organisation du travail. Enfin pour Choteau (2011), les avantages en FOAD sont très liés aux inconvénients, « *autonomie face à perte de repères, expérimentation d'outils face à difficultés techniques et économie de déplacements face à absence de contact physique* », mais de multiples contacts virtuels sont rendus possibles par le dispositif numérique.

II.2. L'approche systémique

L'approche systémique est la prise en compte du fonctionnement d'un système dans sa globalité, sa complexité et sa dynamique excluant la pensée linéaire. C'est un modèle qui s'appuie sur la perception globale, tentant d'expliquer le fonctionnement d'un système (Baron et Brouillard, 1996 ; Lapointe, 2005 ; Luisier 2010). Cette démarche permet de mettre en évidence les interrelations qui peuvent exister entre les notions impliquées dans le développement des dispositifs d'apprentissage telles que celles de besoin, de compétences, de stratégie pédagogique, de contexte d'implantation (Depover, 2009). Cette définition invite à interroger certaines caractéristiques des dispositifs d'apprentissage, notamment celles liées aux activités pédagogiques, aux technologies, aux aspects psychologiques et sociaux (Voulgre, 2011).

Dans le cadre spécifique de la FOAD, l'approche systémique nous permettrait de comprendre les dysfonctionnements constatés eu égard aux caractéristiques propres à ce modèle d'enseignement et d'apprentissage. Pour Garcia (2017), les parcours de formation en ligne s'appuient sur quatre piliers fondamentaux : des activités pédagogiques, des ressources, des outils de communication et une chronologie. Également construits sur la base de projets ou de tâches à réaliser plus ou moins complexes, les consignes données aux apprenants ainsi que les délais de réalisation sont essentiels à la bonne mise en œuvre du parcours. Les échanges, synchrones ou asynchrones, donneront un caractère plus ou moins « présentiel », et favoriseront selon les outils employés, les interactions pédagogiques. Quant à Charlier et al (2006), ils soulignent qu'un dispositif pédagogique en ligne est caractérisé par la nécessité de repenser l'articulation entre technique, symbolique et relationnel mais aussi celle entre médiation et médiatisation, l'importance centrale des acteurs agissant au centre du dispositif, et celle de concevoir ce dernier comme le lieu de la construction de l'autonomie de chacun, autant que d'une double identité, individuelle et collective, le rapport nécessaire entre dispositif et innovation.

III. CADRE METHODOLOGIQUE

En vue de répondre aux questions qui fondent cette recherche, nous avons effectué une enquête auprès d'une population d'étudiants de licence à l'Université Virtuelle de Côte d'Ivoire. 409 d'entre eux ont répondu à un questionnaire construit à partir de l'application google forms, transmis par mails et renseigner en ligne. Le choix du questionnaire en ligne s'impose par le fait que c'est une Université à distance, les étudiants ne résidant pas tous dans un espace géographique défini. Les questions posées aux étudiants étaient relatives, d'une part, aux informations personnelles les concernant (âge, genre, niveau d'étude, spécialité d'étude), d'autre part, aux usages des outils informatiques et celles relatives à leurs perceptions, ressentis de la FOAD à l'UVCI (choix de la formation FOAD, avis concernant les études à l'UVCI, soutien apporté par les tuteurs, difficultés rencontrées, bénéfices attendus...). Les répondants sont âgés de 17 à 36 ans, de trois niveaux : Licence 1 (58%), licence 2 (21%), Licence 3 (21%). 82% sont du genre masculin. Nous avons ensuite effectué une analyse quantitative et qualitative des données obtenues grâce à l'application google forms.

IV. RESULTATS

Nous allons exposer les résultats obtenus à l'issu de notre enquête. Ils sont relatifs notamment aux usages des outils numériques par les étudiants, à leurs perceptions de la FOAD à l'UVCI, aux attentes et difficultés qu'ils y rencontrent.

IV.1. Usage des outils numériques pour l'apprentissage

63% des étudiants déclarent avoir un niveau de compétence moyen ou faible dans l'usage du numérique. Le téléphone mobile est mentionné comme l'outil de travail privilégié (80%), l'ordinateur (71%) venant en deuxième position. En ce qui concerne les outils de communication utilisés, le graphique suivant nous donne quelques indications.

Figure 1. Les réseaux et médias utilisés par les étudiants

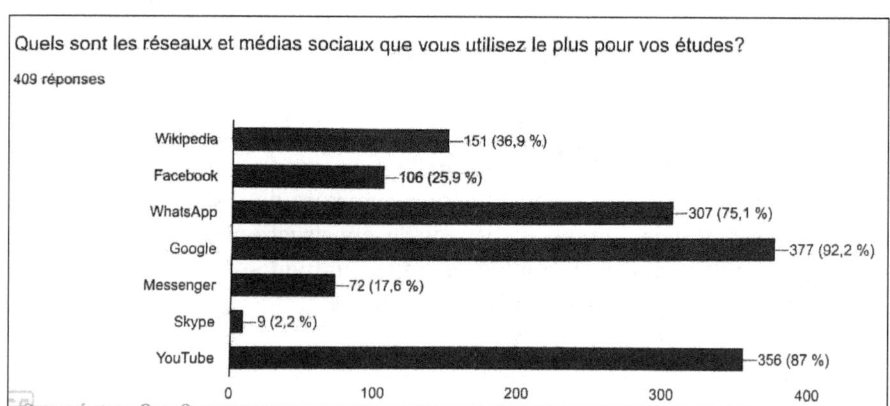

Source : Notre enquête

Nous observons que le moteur de recherche Google est ici l'application la plus utilisée par les étudiants (92%). Cet outil sert non seulement pour effectuer des recherches d'informations mais également est une porte d'accès à d'autres applications. Le média social youtube consulté par (87%) des étudiants pour des tutoriels et vidéos en ligne en complément des cours qu'ils reçoivent. « *Pour bien comprendre les cours il faut regarder des vidéos sur YouTube ou des pdf sur Google, cela veut dire que les cours de l'UVCI seulement ne suffisent pas*». L'application whatsapp (75%) leur permet d'interagir, de communiquer entre pairs et avec les tuteurs, de créer des groupes de travail pour une collaboration plus efficace.

IV.2. Perceptions des étudiants

IV.2.1. Choix de l'institution

59% des étudiants ont émis le vœu pour leur orientation à l'UVCI. Pour certains, c'est la liberté de pouvoir effectuer d'autres activités, la flexibilité de la formation qui leur permettrait de vaquer à d'autres occupations (exercer une activité salariée, s'inscrire dans un autre établissement…). «*Je me disais que j'aurai assez de temps pour étudier en même temps effectuer une activité professionnelle*».

L'économie en termes financier et de déplacement pour se rendre sur le lieu de formation est également un argument fort en faveur de la FOAD. « *J'ai été satisfait car étudier à l'UVCI m'évite le déplacement, les frais de transport. Il est aussi important de souligner que les frais d'inscription sont assez intéressants*».

Pour d'autres, c'est l'opportunité de pouvoir effectuer des études dans le domaine informatique : « *Depuis longtemps, apprendre l'informatique a été mon plus grand souhait. Mais en ce moment-là, il n'existait pas d'université publique enseignant ce domaine. Or je n'ai pas assez de moyens pour payer les cours dans une grande école ou Université privée. Je suis très ravi aujourd'hui de voir réaliser mes rêves…* »

Cependant ils sont 55% à être peu ou pas du tout satisfaits lorsqu'ils ont été effectivement orientés à l'UVCI pour des raisons diverses. Ce n'était pas le premier choix pour certains.

D'autres n'avaient aucune connaissance de l'existence de l'UVCI ou n'apprécient pas le modèle pédagogique : « *Je ne connaissais pas l'UVCI, j'ai été surpris d'y être orienté … Je n'en ai jamais entendu parler… Je n'ai pas aimé ce model d'éducation (étudier seul)… J'étais inquiet par rapport à l'enseignement en ligne parce que je ne sais pas si je trouverai du travail avec mon diplôme* ».

IV.2.2. Difficultés rencontrées

Nous avons répertorié quelques difficultés et avons demandé aux étudiants d'indiquer celles auxquelles ils sont confrontés au cours de leurs études à l'UVCI.

Nous relevons trois difficultés majeures mentionnées par les étudiants, « la compréhension des cours » (74%). « *Il faut qu'il y ait des jours où les étudiants et les professeurs se rencontrent pour les explications des cours un peu difficiles à comprendre comme la physique (électronique numérique), l'algorithme et autres. Il n'y a personne pour nous expliquer des notions que l'on ne comprend pas* ». *Souvent j'ai des problèmes de compréhension de certains cours par faute d'explication, comme les calculs arithmétiques.*

La connexion internet est un autre problème relevé par 57% des étudiants. Certains éprouvent des difficultés financières pour l'achat de volume internet dans le cadre de leur étude. C'est le cas de 56% d'entre eux qui n'y consacrent que moins de 5000f par mois, soit l'équivalent d'environ 2,5 GO de datas mensuels. Ils sont peu (16%) à avoir une connexion internet au domicile pour toute la famille. Au-delà du coût, se pose le problème de panne d'électricité, d'infrastructures internet, inégalitaires sur tout le territoire. Le facteur « isolement » est rapporté par (42%) des étudiants. « *L'isolement c'est trop, même les membres de ton groupe de TD tu ne les connais pas physiquement, c est abusé* ». Nous observons que les problèmes rencontrés par les étudiants sont d'ordre technique, pédagogique, économique et social.

IV.2.3. Le soutien apporté par les tuteurs

Dans le souci d'apporter un soutien aux apprenants, L'UVCI a mis en place un service d'accompagnement. Nous avons demandé l'avis des étudiants concernant l'engagement de leurs tuteurs.

Figure 2. Les avis sur l'apport des tuteurs

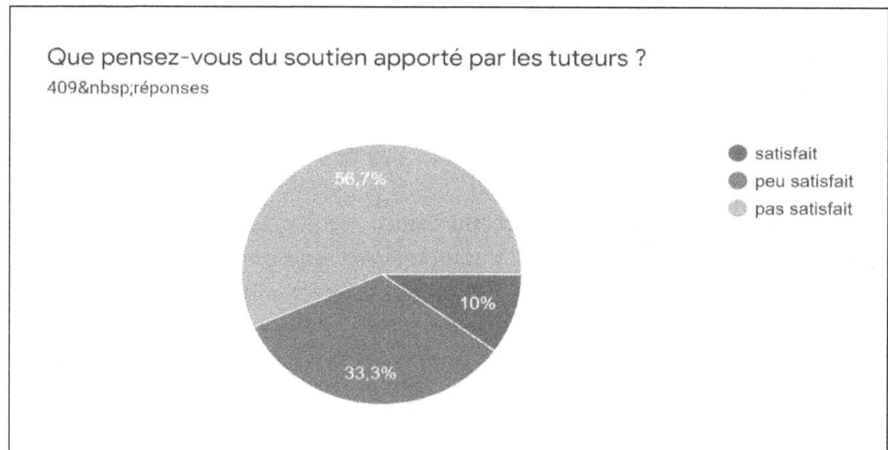

Source : Notre enquête

Comme nous l'observons sur le graphique, la majorité des étudiants n'est pas satisfait du soutien apporté par les accompagnateurs pédagogiques pour de multiples raisons.' « *Lorsque je pose des questions à mon tuteur la réponse qui me parvient n'est pas celle que j'attends*». « *Je fais le maximum mais je n'ai personne pour me motiver, guider, donner des directives..* »

Le manque de réactivité des tuteurs est mis en cause et également des questions qui demeurent sans réponses. « *Ils prennent du temps pour répondre aux différentes requêtes et souvent sans réponse* » certains étudiants n'ont pas connaissance de l'existence de leur tuteur « *je n'en ai pas depuis que les cours ont commencé et je ne le connais pas* ».

A en croire les étudiants, les tuteurs ne répondent pas à leurs attentes. Ils attendent d'eux un soutien sur le plan organisationnel, cognitif, métacognitif, affectif…

IV.2.4. Bénéfices attendus de la formation à l'UVCI

En ce qui concerne les attentes, les bénéfices escomptés à l'issu de leur formation, les étudiants ont majoritairement choisi dans l'ordre, « apprendre autrement » (59%), « bonne gestion du temps » (54%), « la volonté de faire une autre formation » (53%), « compétences professionnelles » (52%). Etonnement, l'emploi (50%) vient en cinquième position dans les attentes. On pourrait expliquer cela par le jeune âge des étudiants, 58% ont entre 17 à 22 ans, en supposant que la majorité n'a pas d'objectif professionnel à court terme mais entrevoit de poursuivre des études après la licence.

IV.2.5. Degré de satisfaction général des études de l'UVCI

Nous avons cherché à connaitre le degré de satisfaction générale des étudiants en ce qui concerne les conditions d'étude à l'UVCI.

Figure 3. Degré de satisfactions des étudiants concernant les études à l'UVCI

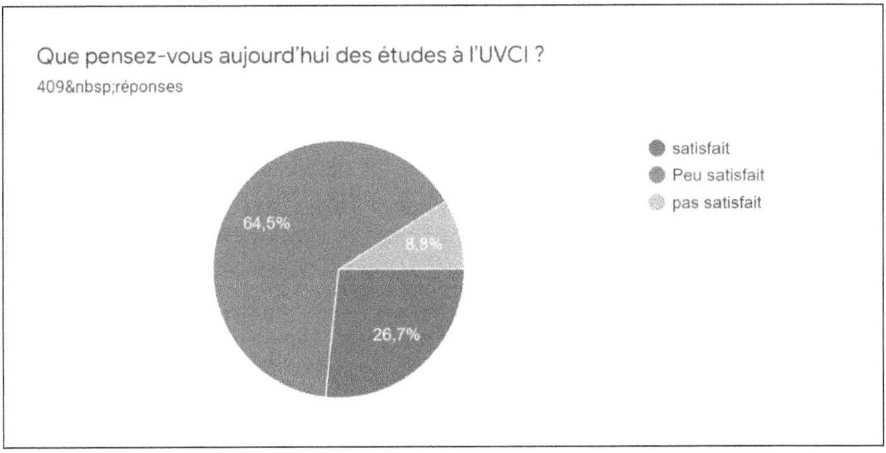

Que pensez-vous aujourd'hui des études à l'UVCI ?
409 réponses
satisfait
Peu satisfait
pas satisfait
64,5%
8,8%
26,7%

Source : Notre enquête

Les étudiants expriment majoritairement leur insatisfaction des conditions générales d'étude à l'UVCI, estimant qu'ils sont livrés à eux-mêmes. Ils jugent certains cours, notamment les mathématiques, la physique moins bien expliqués. La question des supports vidéos revient sans cesse. « *C'est un nouveau dispositif de formation il faut au moins des videos explicatives des cours avec des exemples concrets ou alors qu'ils nous donnent des liens de videos qui expliquent les cours et exercices* ». Ils dénoncent les erreurs dans la correction des devoirs bien qu'étant automatique et mettent également en cause la gestion des réclamations liées aux notes qui leur sont très souvent défavorables.

Cependant 71% d'entre eux recommanderaient la formation à leurs connaissances, expliquant d'une part, que la formation à distance est la solution idéale pour toute personne désirant poursuivre des études quelques soit l'endroit où elle se trouve. L'on peut également exercer une activité professionnelle et faire des études. D'autre part, le fait que l'institution donne la possibilité de s'inscrire pour une formation initiale quel que soit son âge, est un autre argument mentionné par les étudiants en faveur de l'UVCI. « *Grâce à UVCI j'ai repris mes études que j'avais interrompues il y a près de dix ans, aujourd'hui je suis en Licence 3. Je ne peux que partager mon expérience et encourager tout le monde à adhérer à ce modèle d'enseignement à distance... L'UVCI a beaucoup d'avantages dans la mesure où elle me permet de suivre mes cours en restant près de mes parents, d'apprendre à utiliser l'outil informatique* ».

V. Discussion des resultats

Les étudiants ont exprimé leurs difficultés, insatisfactions générales pouvant s'expliquer par les représentations qu'ils ont développées depuis de longues dates du modèle pédagogique présentiel. L'UVCI accueille de jeunes étudiants provenant, dans la grande majorité, de la classe de terminal où les activités étaient prescrites, où les interactions avec les enseignants étaient fortes. Ce public qui à notre avis a du mal à s'imposer l'autonomie et la régularité dans le travail.

Pour ce qui concerne les difficultés indiquées, nous estimons que seule une approche systémique des dispositifs de formation de l'UVCI permettra d'envisager des réponses viables aux critiques portant sur la qualité des contenus des cours, l'encadrement, les problèmes sociaux, technologiques...mentionnés par les étudiants (Baron et Brouillard, 1996 ; Lapointe, 2005 ; Luisier 2010 ; Depover, 2009 ; Voulgre, 2011 ; Garcia, 2017 : Charlier et al, 2006). Nous voulons également discuter de certains résultats plus spécifiques.

Pour ce qui est du soutien apporté par les tuteurs en ligne, les étudiants (83%) sont très majoritairement insatisfaits de leur implication. Ce problème n'est pas typique aux étudiants de l'UVCI, Ros Papadoudi (2004) explique que l'insatisfaction des apprenants quant à la participation des tuteurs dans la guidance des groupes ou encore au sein des forums est générale. L'auteur soutient qu'en fin de formation les apprenants même d'âge adulte, ne sont pas satisfaits d'être les seuls responsables des processus et ne désirent pas être aussi « libres ». L'intervention des tuteurs plus structurée et fréquente, leur semble importante.

63% des étudiants ont affirmé avoir peu ou pas du tout de compétences dans l'utilisation des outils numériques. Ceci a attiré notre attention car les problèmes techniques peuvent constituer un frein dans une formation en ligne. Ce taux élevé peut s'expliquer par le fait que les nouveaux étudiants sont les plus nombreux à répondre à ce questionnaire (Licence 1, 58%). Ils n'ont pas encore reçu de cours d'initiation à l'informatique, l'un des premiers enseignements à l'UVCI pour permettre au primo arrivant de se familiariser avec le numérique. Les jeunes bien que qualifiés de «digital natives » (Prensky, 2001) en parlant de la génération ayant grandi dans un environnement numérique, des études montrent qu'ils ont en général des difficultés à utiliser le numérique à des fins d'apprentissage sans une formation formelle et que souvent leurs compétences se limitent à des usages ludiques et n'échappent pas non plus à la fracture numérique (Bruillard et Baron, 2008 ; Le Base 2018).

Stenger (2015) indique qu'il y a des écarts considérables à travers le globe. Dans les pays développés, on estime à 86,3% le taux de « natifs numériques » parmi les jeunes, contre seulement 9,2% en Afrique où on observe tout de même une évolution plus importante.

Concernant les étudiants de l'UVCI, bien qu'ayant affirmé ne pas posséder de compétences dans l'usage du numérique, « la non maitrise de l'informatique » est mentionnée par seulement ¼ d'entre eux comme étant une difficulté pour la formation en ligne. Ceci peut sembler paradoxal quand on sait qu'ils ont affirmé majoritairement ne pas posséder de compétence dans l'usage du numérique. Le dispositif technique déployé par l'institution a peut-être un caractère intuitif, rendant son usage plus aisé et/ou une partie des étudiants posséderaient des compétences sous-estimer dans la Pratique de la FOAD.

Nous observons également que le téléphone mobile est le premier outil de travail des étudiants (80%). Holo (2015) a montré que le téléphone portable est un outil privilégié d'accès à l'information dans le cadre académique pour les étudiants en Côte d'Ivoire, qu'il constitue un véritable instrument de travail pour se substituer au manque d'ordinateur personnel et d'équipements informatiques des établissements universitaires.

Les résultats montrent également que les réseaux et médias sociaux sont très sollicités par les étudiants dans le cadre de leurs études (Google, 92% ; youtube, 87%) et whatsapp, 75%). Ce sont des outils et moyens précieux d'apprentissage en complément des dispositifs mis en place par leur institution. La conception « Apprendre autrement », en première position dans les attentes des étudiants (59%), prend tout son sens ici. C'est apprendre avec le numérique. Pinte (2010) a souligné que le web 2.0 peut être considéré comme un support éducatif extraordinaire pour les jeunes adultes par son avantage d'être très populaire en milieu jeune et accessible sur divers terminaux numériques (PC, mobiles, tablettes, etc.).

Les réseaux et médias sociaux sont utilisés par les étudiants pour des activités collaboratives liées à la classe, organiser des études en groupes, l'apprentissage de contenus de cours (Kredens et Fontar, 2010 ; Blaya, 2013). Kucuk et Sahin (2013) soutiennent que grâce à Facebook et aux nombreux outils de communication qu'il renferme, les étudiants développent leurs compétences à communiquer et peuvent donc s'ouvrir aux savoirs et partager l'information. Pour Thornley (2008), ces outils offrent une multitude de service (publication de textes, de photos, de films, blogs, chats IRC, visioconférences, etc.). Les médias er réseaux tels que YouTube, Google, Flickr, LinkedIn, Facebook, wikis et podcasts, rendent les communications interactives, dynamiques permettant de poster, partager, commenter des contenus publiés, de devenir acteurs du Web et de former des communautés autour de sujets d'intérêt commun.

VI. CONCLUSION

Les étudiants ont exprimé majoritairement leur insatisfaction de la FOAD à l'UVCI pour des raisons liées notamment aux contenus des cours qu'ils jugent peu enrichissants, manquant de clarté. Ils estiment également être insuffisamment accompagnés par les tuteurs en ligne. Sans préjuger des causes avant tout analyse systémique, deux faits semblent être à l'origine du malaise de ces jeunes étudiants. Le changement de modèle pédagogique, du présentiel en distanciel peut constituer un obstacle. Des étudiants, ayant baigné durant des années dans un environnement pédagogique marqué par l'omniprésence de l'enseignant, prescripteurs, organisateurs, dirigeants, motivants. Nous relevons également des difficultés liées à l'isolement. L'usage des moyens de communication qu'ils utilisent ne semble pas remplacer la présence physique des pairs pour des étudiants de cet âge qui ont partagé depuis les bancs de l'école élémentaire, des moments chaleureux, conviviaux et qui se retrouvent brutalement seuls pour faire « la classe à la maison » avec des problèmes de gestion de l'espace et du temps que cela peut constituer pour certains. En tout état de cause, nous pensons qu'il est de l'intérêt, de la responsabilité de l'institution UVCI de prendre en compte les difficultés effectives ou supposées exprimées par les étudiants pour offrir de meilleures conditions d'apprentissage. Elle ne devra pas perdre de vue « *l'importance de la réflexion sur la notion de qualité : qualité de produit (nature, quantité des savoirs et mode de présentation) ; qualité du service (implication, suivi, régulation, résolution des problèmes), et enfin dans une vue d'ensemble, la qualité du dispositif (combinatoire des ressources humaines et techniques, régulations, objectifs, organisation et résultats)* » (Ros Papadoudi, 2004).

Cette étude exploratoire nous a également permis d'étudier les outils numériques utilisés par les étudiants dans le cadre de leurs apprentissages, notamment, le téléphone mobile utilisé majoritairement. Les applications informatiques comme google, youtube pour la recherche d'information, de ressources additionnelles de cours et whatsapp comme moyens de communication par excellence, de travail collaboratif.

Afin de mieux mesurer les difficultés et perceptions que les étudiants ont rendu compte, une étude similaire devait être menée l'année suivante avec une autre promotion d'étudiants de licence. Cette étude prendra également en compte les étudiants de master afin de comparer les opinions, les difficultés perçues par les nouveaux et les anciens.

BIBLIOGRAPHIE

Baron G.-L., Bruillard, E. (2008). Technologies de l'information et de la communication et indigènes numériques : quelle situation ?. revue STICEF (Sciences et Technologies de l'Information et de la Communication pour l'Éducation et la Formation), ATIEF, récupéré en septembre 2020 du site : https://hal.archives-ouvertes.fr/hal-00696420/document

Baron G.-L., Bruillard É., (Eds.), Informatique et éducation : regards cognitifs, pédagogiques et sociaux, 1996, 120p, pp9-20, INRP, Paris, ISBN : 2-7342-0527-0.

Blaya, C. (2013), Le monde digital des jeunes. Dans Les ados dans le cyberespace pages 13 à 46). Consulté en juin 2020 à l'adresse : https://www.cairn.info/les-ados-dans-le-cyberespace--9782804182779-page-13.htm

Bruillard É., Baron G.-L.(2006). Usages en milieu scolaire : caractérisation, observation et évaluation. In GRANDBASTIEN Monique et LABAT Jean-Marc (dir.), Environnements informatiques pour l'apprentissage humain, Traité IC2, Lavoisier, Paris, p. 269-284

Charlier, B., Deschryver, N.,Peraya, D. (2006). Apprendre en présence et à distance. Une définition des dispositifs hybrides. Lavoisier « Distances et savoirs » 2006/4 Vol. 4. P. 469 à 496, visible en septembre 2019 à l'adresse : https://www.cairn.info/revue-distances-et-savoirs-2006-4-page-469.htm

Coulibaly, Y. N., Holo, A. K. et Mian, S. A. (2020). Etude d'un dispositif e-stage à l'Université Virtuelle de Côte d'Ivoire (UVCI). Revue Adjectif, 2020 T2. Mis en ligne le 22 juin 2020 http://www.adjectif.net/spip/spip.php?article538

Denami, M. A., Marquet, P. (2015). Le sentiment d'isolement en formation ouverte à distance (FOAD) : quelle réalité, quelles conséquences ? Consulté en juin 2020 à l'adresse : http://www.frantice.net/docannexe/fichier/1167/6.pdf

Depover C., (2009). « La recherche en technologie éducative : fondements et approches », in Depover C., dir., La recherche en technologie éducative, un guide pour découvrir un domaine en émergence, édition des archives contemporaines, agence universitaire de la francophonie, paris, 2009, 86p, chapitre 1, pp5-13, ISBN : 978-2-8130-0008-8.

Dossou A. K. D.-S. (2010). Persévérance et abandon des apprenants à distance en Afrique subsaharienne francophone : quelques pistes de recherche. Consulté en juin 2020 à l'adresse : http://www.frantice.net/docannexe/fichier/167/FT1_Dogbe-semanou-1.pdf

Garcia, A. (2017). « Une méthodologie de construction de parcours de formation en ligne, dans le domaine des langues mais pas uniquement… », *Distances et médiations des savoirs* [En ligne], 20 | 2017, mis en ligne le 19 décembre 2017, consulté en août 2019 à l' adresse : http://journals.openedition.org/dms/2019

Holo, A.,K., Mian, S. A. et Coulibaly, Y. N. (2019). L'encadrement des étudiants dans le dispositif des formations ouvertes et à distance de l'Université Virtuelle de Côte d'Ivoire. Consulté en mars 2020 sur le site de la revue educational jurnal : https://ejupunescochair.library.upatras.gr/ejupUNESCOchair/article/view/3101/3422

Kredens E.et Fontar, B. (2010). Synthèse de l'étude « Les jeunes et internet : de quoi avons-nous peur ? » Consulté en juin 2020 à l'adresse :
https://hal.archives-ouvertes.fr/hal-01139272/file/Synthese_JeunesetInternet_2010.pdf

Kucuk, S. et Sahin, I. (2013). From the perspective of community of inquiry framework: An examination of facebook uses by pre-service teachers as a learning environment. Turkish Online Journal of Educational Technology, 12(2), 142-156, Consulté en juin 2020 à l'adresse : http:// files. eric. Ed. gov/ fulltext/ EJ1015425. Pdf

Lapointe, J. (2005). L'approche systémique et la technologie de l'éducation. Visible en septembre 2020 sur le site : https://www.sites.fse.ulaval.ca/reveduc/html/vol1/no1/apsyst.html

Le Bas, M. (2018). Les digitals natives n'échappent pas à la fracture numérique. n° 2 / janvier 2018 Belveder : Consulté en juin 2020 à l'adresse https://www.revue-belveder.org/wp content/uploads/PDF/N2/Digitals_natives_fracture_numerique_BelvedeR_n2.pdf

Luisier, M. (2010). Approche systémique en milieu scolaire. Un modèle pour comprendre, des outils pour agir : Application du modèle solutionniste à l'école. Mémoire de master. Consulté en septembre 2020 sur le site : https://doc.rero.ch/record/30817/files/mp_ps_p15506_2011.pdf

Papi, C. et Glikman v. (2015). Les étudiants entre cours magistraux et usage des TIC. Consulté en juin 2020 à l'adresse ; https://journals.openedition.org/dms/1012

Pinte, J.-P. (2010). Vers des réseaux sociaux d'apprentissage en éducation. Les Cahiers dynamiques, 3(47), 82-86. Consulté en juin 2020 à l'adresse : https://www.cairn.info/revue-les-cahiers-dynamiques-2010-2-page-82.htm

Prensky, M. (2001). Digital Natives, Digital Immigrants. From On the Horizon (MCB University Press, Vol. 9 No. 5. Consulté en juin 2020 à l'adresse : https://www.marcprensky.com/writing/Prensky%20%20Digital%20Natives,%20Digital%20Immigrants%20-%20Part1.pdf

Ros-Papadoudi H. (2004). Processus de transmission et d'appropriation des savoirs. le cas des savoirs médiatisés en e-Learning. in Revue internationale des sciences de l'éducation ; presse universitaire du murail pp. 37-52. Consulté en juin 2020 à l'adresse :
https://books.google.fr/books?id=DKJbIcAqkFgC&pg=PA37&lpg=PA37&dq=Ros-+papadoudi+H%C3%A9l%C3%A8ne(2004).+processus+de+transmission+et+d%27appropriation+des+savoirs.

Stenger,V. (2015). Introduction à « Digital natives. Culture, génération et consommation », pages 11 à 26. Consulté en juin 2020 à l'adresse : https://www.cairn.info/digital-natives--9782847697438-page-11.htm#s1n1

Thornley, j.(2008).What is "social media?". Consulté en juin 2020 à l'adresse : https://propr.ca/2008/what-is-social-media/

Voulgre, E.(2011). Une approche systémique des TICE dans le système scolaire français : entre finalités prescrites, ressources et usages par les enseignants. Education. Université de Rouen, thèse de doctorat 2011. Récupéré en septembre 2020 du site : https://hal.archives-ouvertes.fr/tel-01628569/document

Perceptions sociales des cours en ligne dans le contexte de la Covid-19 à l'Institut national supérieur des Arts et de l'Action culturelle (Abidjan, Côte d'Ivoire)

Social perceptions of online courses in the context of Covid-19 at the National superior institute of Arts and Cultural action (Abidjan, Côte d'Ivoire)

Dr KONE Tiègbè Gaston

Enseignant chercheur, Assistant
Ecole Supérieure de Tourisme, d'Artisanat et d'Action Cultuelle (ESTAAC)/
Institut National Supérieur des Arts et de l'Action Culturelle (INSAAC)/ COTE D'IVOIRE
Centre de Recherche sur les Arts et la Culture (CRAC)
tiegbekone@gmail.com

Dr KEI MATHIAS

IREEP Institut de Recherches, d'Etudes et d'Expérimentation en Pédagogie
UFR des Sciences de l'Homme et de la Société
Université Felix Houphouët-Boigny / COTE D'IVOIRE
mathiaskey@yahoo.fr

Résumé : La présente étude s'inscrit dans une perspective évaluative fondée sur la méthode SWOT. Il s'est agi d'identifier les forces et les faiblesses, les menaces et opportunités liées aux cours en ligne dans le contexte de la COVID-19 à l'aide d'un questionnaire d'évocation hiérarchisée adressé à 18 enseignants et 100 étudiants de Licence et de Master. Les résultats de l'étude montrent que les enseignants tout comme les étudiants ont une perception sociale positive des cours en ligne liée à la COVID-19. Cela se fonde sur la préservation de la sécurité sanitaire, la continuité pédagogique et la validation de l'année académique. Néanmoins, ils expriment des inquiétudes quant aux insuffisances liées au dispositif et à la pratique enseignante. C'est pourquoi, ils proposent la formation des acteurs, l'amélioration du dispositif de formation par l'insertion de modules adaptés répondant aux difficultés rencontrées.

Mots-clés : Perception sociale, Cours en ligne, Plateforme de formation, COVID-19, SWOT

Abstract: This study is part of an evaluative perspective based on the SWOT method. It involved identifying the strengths and weaknesses, threats and opportunities related to online courses in the context of COVID-19 using a hierarchical evocation questionnaire addressed to 18 teachers and 100 students of License and Master. The results of the study show that teachers and students alike have positive social perceptions of online courses linked to COVID-19. This is based on the preservation of health security, pedagogical continuity and validation of the academic year. Nevertheless, they express concerns about the shortcomings linked to the system and to teaching practice. This is why they offer training for stakeholders, improving the training system by inserting suitable modules that meet the difficulties encountered.

Keywords: Social perception, Online courses, Training platform, COVID-19, SWOT

I. INTRODUCTION

Longtemps souhaitée mais faiblement implémentés, l'utilisation des technologies de l'information et de la communication (TIC) dans l'enseignement acquiert une résonnance spécifique depuis l'avènement de la pandémie COVID-19 aussi bien dans le monde qu'en Côte d'Ivoire. Les technologies de l'information et de la communication appliquées à l'enseignement (TICE) ont fait l'objet de nombreux travaux ayant pour but d'analyser leurs pertinences. Ces recherches concernent notamment :

- les outils nécessaires à son déploiement (Bennett, 2012 ; Redecker, 2009) ;
- la connexion internet et la maitrise (Toure, 2020 ; Petit, Deaudelin, Brouillette, 2015) ;
- les changements induits dans les pratiques pédagogiques (Denami, Marquet, 2015;) ;
- les opinions, attitudes et comportements d'adhésion ou de rejet de ces pratiques pédagogiques innovantes (Wilpert, 1993 ; Froissart, 2000 ; Robbins, 2006 ; Denami, Marquet, 2015 ; Proulx, 2005);
- l'expérience spécifique des pays du Sud confrontés à des difficultés multiples de développement (Toure, 2020 ; Goin, 2020).

Tous ces travaux soulignent la nécessité urgente des TICE dans l'amélioration du système d'enseignement et surtout, la prise en compte du facteur humain porté par leur perception sociale des changements sociaux à intégrer.

Ainsi, la perception sociale qui peut être définie comme, l'ensemble des mécanismes et des processus par lesquels l'organisme prend connaissance du monde et de son environnement sur la base des informations élaborées par ses sens, apparait ici, dans le cadre des TICE, comme le processus par lequel les individus organisent et interprètent leurs impressions sensorielles afin de donner un sens à leurs environnements comme le processus par lequel les individus organisent et interprètent leurs impressions sensorielles afin de donner un sens à leurs environnements.

Dans le présent contexte de la pandémie de la COVID-19, la mobilisation collective observée à l'échelle mondiale concerne tous les aspects de la vie et de l'organisation sociale. L'éducation n'échappe pas, dès-lors, aux mesures de protection ou *mesures barrières* destinées à réduire le niveau de propagation de la pandémie. Les cours en ligne répondent à cette logique et constituent à bien des égards, une *pratique nouvelle* dans l'enseignement supérieur en Côte d'Ivoire. Cette pratique pédagogique récente semble faire l'objet de nombreux questionnements et polémiques dans la mesure où les enseignants tout comme les étudiants s'en plaignent et développent des ressentiments à l'égard du dispositif technique. Pour donner sens à ces prises de positions, il nous parait pertinent de conduire la présente contribution, intitulée *perceptions sociales des cours en ligne dans le contexte de la COVID-19 à l'Institut National Supérieur des arts et de l'Action Culturelle.*

A ce stade de la réflexion, il convient de comprendre que la perception sociale, appliquée aux communautés d'apprentissage, se définit comme la perception, propre d'un individu, de la présence des autres participants à la formation qui se manifeste par le nombre, l'intensité et la qualité des interactions et des relations qui se construisent entre les participants, selon Short, Williams, Christie (1976), cités par Denami et Marquet (2015). Cette tendance de la perception ne caractérise pas seulement les cours en ligne, mais au contraire, il se vérifie dans les situations d'apprentissage traditionnelles (classes, amphithéâtres, etc.). Ainsi, une bonne perception de la communauté d'apprentissage permet de construire des relations de confiance et de stabilité qui motivent les apprenants à faire pour les autres ce qu'ils attendent pour eux-mêmes (Sarason, 1974). Quant à McMillan et Chavis, (1986), ils évoquent le sentiment d'appartenance comme d'un vécu dont les membres d'un groupe font l'expérience. Pour eux, en effet, il s'agit d'un lien de confiance et d'une conscience du fait que ses propres besoins et ceux des autres seront satisfaits grâce à un investissement réciproque. Selon Denami et Marquet (2015), la formation d'un sentiment de communauté, déclenchée par une importante perception sociale au sein des cours en ligne, influence positivement l'apprentissage collaboratif et la motivation à travailler en équipe et à apprendre. Cependant l'une des solutions utiles, afin de créer ce lien entre les participants, serait d'augmenter la quantité et la qualité des interactions entre les individus (Moller, 1998 ; Rovai, 2002).

La littérature scientifique sur la question des TICE appliquées aux cours en ligne est abondante. Elle traite des thématiques différentes et diversifiées, telles l'appropriation des Tics (Bennett et al (2012), Redecker (2009), Karsenti (2009), etc), donnant lieu à une culture du numérique ou du virtuel ; l'intégration des Tics (Baron, Bruillard (2004), Legendre (1993), Larose, Grenon et Lafrance, (2002), Chambat (1994), Proulx (2005), Chaptal (2007), etc), comme pratique sociale et comme l'utilisation d'un objet. Si ces thématiques restent les plus abondantes et les plus usitées dans les différents domaines de la recherche, certains chercheurs tels Bricault (2011), Denami et Marquet (2015) abordent l'idée de construction sociale de la connaissance. Selon cette idée, les technologies informatisées peuvent être avantageusement employées comme outils d'apprentissage actif et interactif. Il est à noter qu'au-delà de ce discours, il existe quelques difficultés récurrentes qui empêchent cette modalité d'enseignement ou de formation d'aboutir à ses objectifs. En effet, les apprenants aux cours en ligne font face à des phénomènes tels que : la perte de motivation due à un sentiment d'isolement ; la difficulté de se construire une identité dans le groupe, qui se traduit par une incapacité à se construire une identité au sein du groupe ; les difficultés techniques liées aux logiciels ou aux fonctionnalités de la plate-forme mis à disposition.

Ce sont surtout ces difficultés relationnelles qui nous intéressent dans la présente étude. Le contexte général qui a été à l'origine de la mise en place du dispositif technique des cours en ligne à l'Institut National Supérieur des Arts et de l'Action Culturelle (INSAAC) est celui de la pandémie à coronavirus. Les mesures sanitaires prises par les autorités politiques et administratives, pour freiner le niveau de contamination des populations, ont consisté à interdire les rassemblements, à maintenir une distanciation sociale (au moins d'un mètre entre les individus), à porter un masque et à limiter les déplacements. L'état a donc décrété la fermeture des établissements d'enseignement et a laissé la possibilité de la continuité pédagogique à ceux-ci (Goin et al, 2020). Chaque institution de formation a pris ses dispositions techniques afin de rendre concrète cette directive. Les conditions de la mise en place de ces dispositifs techniques de formation étaient-elles optimales ? Les acteurs (enseignants et étudiants) étaient-ils formés à cette pratique enseignante ? L'approche pédagogique (massive open online courses (MOOC), téléprésence, visioconférence) était-elle appropriée à l'environnement d'apprentissage ? Etc. Ce questionnement trouve tout son sens par le fait que tout déploiement de ce type de dispositif d'enseignement nécessite au préalable la prise en compte de certaines données sur le niveau d'intégration et d'appropriation des tics par les acteurs, sur la formation de ceux-ci à l'usage de la plateforme de formation. Apparemment, le contexte social marqué par la COVID-19 n'a pas favorisé le bon déploiement de cette technologie au sein de cet Institut.

La spécificité de cet institut, domaine des arts et de l'action culturelle, laisse entrevoir quelques difficultés dans l'approche pédagogique des cours en ligne. En effet, comment enseigner des cours de dessin, de mise en scène et pratique instrumentale en ligne ? Comme on le voit, l'avènement des cours en ligne a suscité de nombreuses interrogations sur les pratiques enseignantes et la réception de celles-ci. Un tel contexte d'exploitation des cours n'aurait-il pas créé des perceptions sociales ? En tant que mécanisme, le système perceptif modifie les idées conçues sur un objet ou une pratique sociale par le traitement de l'information nouvelle. Sur ce versant, les expériences et les habitudes des apprenants tout comme les enseignants sont contrariées par la pandémie. Ainsi, les risques de propagation et de contamination étant grands, les partenaires du système éducatif doivent se protéger tout en maintenant les outils de production, c'est-à-dire assurer les enseignements.

La question principale de la présente étude est de savoir quels sont les systèmes perceptifs liés à l'adoption ou non des cours en ligne dans le contexte du COVID-19 à l'INSAAC ? Quelles sont les forces, les faiblesses, les opportunités et les menaces de l'institut et comment peut-on les intégrer dans son plan de développement afin de réorienter sa stratégie de cours en ligne?

Ainsi, les objectifs de la recherche se déclinent comme suit :

- Identifier les forces, les faiblesses, les opportunités et les menaces liées aux facteurs internes et externes de l'adoption des cours en ligne en période pandémique ;
- Connaitre le positionnement technique de l'INSAAC par rapport aux dispositifs de cours en ligne de ses concurrents;
- Aider à l'orientation des décisions qui peuvent contribuer au développement et à l'adoption des cours en ligne.

II. METHODOLOGIE

II.1. Terrain et participants

Notre étude s'est déroulée au sein de l'Institut National Supérieur des Arts et de l'Action Culturelle. Le choix de cet institut comme terrain d'étude n'est pas fortuit. En effet, il se justifie par deux raisons essentielles. Premièrement, c'est le seul institut qui forme aux métiers des arts du spectacle et de l'action culturelle. Il regroupe des formations en arts dramatiques, musique, arts plastiques, sciences de l'information documentaire et du patrimoine. Deuxièmement, depuis sa création en 1991, cet institut n'avait jamais proposé des formations en ligne, même si l'adoption du LMD avait suscité un intérêt l'accompagnement technique n'avait pas suivi. C'est donc une population d'étudiants et d'enseignants qui pratiquent au quotidien leur art avec un pourcentage moindre de cours théoriques.

Notre échantillon se compose de 118 individus, dont 18 enseignants et 100 étudiants qui volontairement accepté de se soumettre à cet exercice. Tenant compte du contexte de la pandémie, la présente étude a utilisé la méthode d'échantillonnage raisonnée. Dans ce type d'échantillonnage, l'on n'accepte que les sujets disponibles, présents à un endroit précis et au moment précis où se déroule l'enquête. Il s'agit donc, d'un échantillon constitué par les premières personnes rencontrées au sein de l'Institut.

Prenant en compte la spécificité du sujet, un ensemble de méthodes de recherche ont été convoquées telles les méthodes descriptives, analytiques et comparatives. Aussi, sa réalisation a nécessité un plan comprenant un test de viabilité des hypothèses, l'application de l'analyse SWOT, l'analyse prototypique et catégorielle et les propositions et recommandations afin d'améliorer le système.

II.2. Instruments de collecte de données

Nous avons utilisé des instruments de collecte de données qualitative et quantitative. L'enquête qualitative a consisté à organiser deux focus group avec quelques enseignants et des étudiants différemment. Cela nous a permis de recueillir las avis de ces deux catégories d'acteurs au sein de l'Institut. Quant à la collecte de données quantitatives, elle a été réalisée par le biais d'un questionnaire d'évocations hiérarchisées adressé essentiellement aux enseignants et étudiants. Ce questionnaire, comme instrument de collecte de données quantitatives s'inscrit dans une perspective évaluative fondée sur la méthode SWOT. En ce sens, les participants sont soumis à un questionnaire d'évocations hiérarchisées, permettant à chacun d'entre eux d'identifier cinq (05) forces, cinq (05) faiblesses, cinq (05) opportunités et cinq (05) menaces liées aux cours en ligne dans le contexte de la COVID-19. En sus, il leur est demandé de les classer selon l'ordre d'importance qu'ils leur accordent en inscrivant le nombre de point dans la case de droite ; 5 points pour le plus important, 4 points pour le suivant et ainsi de suite jusqu'à 1 point pour celui qu'il considère comme étant le moins important.

Le traitement des données a été réalisé à partir de deux logiciels :

- Questionnaire d'évocations hiérarchisées a été traité à partir du logiciel EVOC-2005, pour l'identification des perceptions sociales liées aux cours en ligne et la réalisation de la matrice SWOT de l'Institut;
- Microsoft Office Word et Excel 2007, pour la réalisation des figures de mise en relation des facteurs internes et externes de la perception sociale des cours en ligne.

II.3. Instruments d'analyse de données

II.3.1. Analyse SWOT

La matrice SWOT est l'acronyme de 'Strength, Weaknesses, Opportunities and Threats' (Forces, Faiblesses, Opportunités et Menaces). Une analyse SWOT résume un audit interne en termes de « forces et faiblesses » relatives à une organisation (sa compétitivité). Elle synthétise en « opportunités et menaces » l'audit externe de l'environnement (son attractivité) (Lambin, Moerloose.). L'analyse SWOT consiste à déterminer si la combinaison des forces et des faiblesses de l'organisation est à même de faire face aux évolutions de l'environnement, ainsi que sa capacité à identifier ou créer d'éventuelles opportunités qui permettraient de mieux tirer profit des ressources uniques ou des compétences distinctives de l'organisation. SWOT résume les conclusions essentielles de l'environnement et de la capacité stratégique d'une organisation (Johnson, Scholes, Whittington, Fréry, 2005). L'analyse externe de l'environnement consiste à étudier les opportunités et les menaces. Quant à l'analyse interne consiste à étudier les forces et les faiblesses. C'est la confrontation entre les résultats des diagnostics externe et interne qui permet de formuler des options stratégiques. Cette formulation d'options stratégiques constitue l'intérêt de l'analyse SWOT. La matrice SWOT de l'INSAAC traduit l'organisation interne des perceptions sociales des enquêtés et se présente sous la forme d'un tableau à quatre cases. Les items identifiés comme étant centraux, sont classés par intensité de force décroissante. De cette façon, les éléments pertinents se trouvent en tête de chaque case : forces, faiblesses, opportunités, menaces. Ainsi, l'analyse de chaque case fait ressortir les caractéristiques spécifiques de la perception de la population. En sus, pour cerner l'environnement d'implémentation de ces résultats et en vue d'apporter des solutions, une mise en relation des facteurs internes et externes de la perception s'est avérée nécessaire. Cette démarche de mise en relation a permis de construire des courbes sur la base de la somme des rangs moyen de chaque case : forces et opportunités, forces et menaces, faiblesses et opportunités, faiblesses et menaces. (Brahmi, Khelil, 2016).

II.3.2. Analyse prototypique et catégorielle

Elle est appliquée aux questions d'évocations et permet de déterminer le contenu de la représentation sociale et les statuts des éléments constitutifs en termes d'éléments centraux et périphériques. C'est une analyse de contenu formelle, c'est-à-dire qu'elle fonctionne sur la base d'un programme informatique (EVOC. 2005) proposé par Vergès (1997). Ce programme permet, dans un premier temps de repérer et d'analyser le système catégoriel utilisé par les sujets qui permettent de cerner le contenu lui-même de la représentation. Puis dans un deuxième temps, on déterminera les éléments organisateurs de ce contenu. On aura trois indicateurs :

- la fréquence de l'item dans la population d'étude ;
- son rang d'apparition dans l'association (défini par le rang moyen calculé sur l'ensemble de la population) ;
- l'importance de l'item pour les sujets, obtenue en demandant à chaque sujet de désigner les deux termes ou expressions les plus importants pour lui parmi ceux qu'il a cités.

Après cela, un coefficient de corrélation significatif entre les deux classements permet de confirmer ou de renforcer l'hypothèse que l'on est en présence d'éléments organisateurs donc centraux de la perception sociale.

Donc la congruence des deux critères (Fréquence et rang) constitue un indicateur de la centralité de l'élément.

III. Resultats

III.1. Matrice SWOT de l'Institut

Les réponses au questionnaire sont présentées sous forme de matrice SWOT. Ainsi, les éléments retenus pertinents se trouvent dans chaque case: forces (bleu), faiblesses (vert), opportunités (violet), menaces (bleu).

Figure 1. La matrice SWOT

Strengths/ Forces	**Weaknesses/ Faiblesses**
Réduction-risque-contamination 47 2,45 Validation-scolaire 26 2,08	Absence-connectivité 40 3,85 Absence-interactivité 24 2,58 Absence-matériel-informatique 20 2,7 Paresse-étudiant 12 2,0
Opportunities/ Opportunités	**Threats/ Menaces**
Usage-numérique 80 3,11 Gestion-salle 10 1,4 Désengorgement-administration 10 1,0	Mauvais-apprentissage 40 3,51 Echec-scolaire 14 2,14 Démotivation-apprenant 14 1,42 Manque-connectivité 10 2,0

Population globale
Institut National Supérieur des arts et de l'Action Culturelle

Source : réalisé par KONE (2021)

A l'analyse de la matrice SWOT de l'Institut, construite sous la forme d'un tableau à quatre cases, chaque item incriminé est accompagné de sa fréquence suivie de son rang moyen, rangé du plus élevé au moins important.

III.2. Analyse des résultats SWOT des participants

III.2.1. Analyse des forces

De l'analyse de ce tableau à quatre cases, il ressort les données suivantes :

Les populations dans leur ensemble ont produit 590 mots, soit en moyenne 5 mots par enquêté, avec 59 mots différents cités qui constituent l'ensemble du corpus. Dans la case forces se trouvent les éléments centraux de la perception sociale des cours en ligne par les populations. Il est composé de deux éléments : *réduction-risque-contamination*, *validation-scolaire*. Ces items cumulent les fréquences les plus fortes et les rangs moyen de faible importance avec respectivement 2,45, 2,08. Il est donc possible d'affirmer que ces items sont au cœur de la perception sociale.

Une autre de ces items permet d'affirmer que les cours en ligne à l'institut ont atteint les deux objectifs principaux qui milité à leur mise en place. Ce sont :

- Maintenir l'espace universitaire sain par la prise de mesure de réduction de risque de contamination ;
- Maintenir le système de formation efficace par la validation de l'année universitaire.

L'on peut donc affirmer que la perception sociale des cours en ligne, en ce qui concerne les *forces* a été construite autour de la sécurité sanitaire des acteurs et de la validation de l'année universitaire.

III.2.2. Analyse des faiblesses

De l'analyse de ce tableau à quatre cases, l'on a comme *faiblesses*, les items *absence-connectivité, absence-interactivité, absence-matériel-informatique, paresse-étudiant.* Ces items cumulent les fréquences les fortes et les rangs moyen d'importance faible avec respectivement 3,85 ; 2,58 ; 2,70 et 2,0. Ces évocations sont les plus saillantes. C'est généralement parmi ces éléments que figurent les éléments centraux de la perception sociale. Il est donc possible d'affirmer que ces items sont au centre de la construction sociocognitive des populations de l'institut.

De ces faiblesses, il ressort les difficultés rencontrées par les acteurs qui se résument :

- Par l'inaccessibilité de la plateforme de formation aux étudiants et quelques fois aux enseignants. Ce qui se justifie par le non référencement de tous les acteurs, le faible niveau de couverture et la mauvaise qualité du réseau internet ;
- Par le manque d'interactions entre les acteurs c'est-à-dire apprenant/ apprenant, enseignant/ apprenant, enseignant/ administration, etc ; en réalité, la plateforme telle que conçue n'a pas favorisé la création de classe virtuelle (blog, forum) et a renforcé le sentiment *d'isolement* de tous les acteurs.
- Par le manque d'équipements adaptés à ce type de projet ;
- Ce contexte social a accentué la situation sociale déjà délétère de certains étudiants catastrophique marquée par un dénuement total ; les cyberespaces fermés, ils ne pouvaient se connecter à la plateforme ou bien très souvent obligés de souscrire à des forfaits de connexion (*pass internet)* qui ne tiennent pas le temps de la formation ou des téléphones de moindre qualité.

III.2.3. Analyse des menaces

A la question d'évocation des menaces liées à la mise en place des cours en ligne dans le contexte de la COVI-19, les 118 enquêtés ont produit 590 mots ou expressions, dont 81 mots différents avec une moyenne générale de production estimée à 5 par personne.

L'observation des données relatives à la case des menaces indique que les éléments centraux et organisateurs de la perception sociale sont : *démotivation-apprenant, mauvais-apprentissage, manque-connectivité et échec-scolaire.* Ces items ont des fréquences respectives de 14 ; 40 ; 10 et 14.

De l'analyse de ces données, il ressort que les menaces liées au cours en ligne dans le contexte de la COVD-19 à l'institut concernent l'état psychologique des apprenants.

En effet, nombre d'apprenants sont gagnés de stress lié à la solitude et à l'isolement des cours en ligne et le respect des mesures restrictives. Cet environnement reste propice à la démotivation et au raccrochage scolaire. A cela s'ajoute la précarité économique des apprenants qui ne peuvent joindre les espaces collaboratifs du travail universitaire.

Une autre approche de cette situation est corollaire à la spécificité même de l'institut et à sa vocation à former des techniciens et des artistes. Sur ce versant, les apprenants déprécient les cours car pour eux, la formation n'a de sens que pratique.

III.2.4. Analyse des opportunités

On remarque que les items centraux et organisateurs de la perception sociale des cours en ligne en contexte COVID-19 sont : *appropriation-numérique, gestion-salle et désengorgement-administration.* Ces items cumulent les fréquences les plus fortes et les rangs moyen faible.

Les opportunités se présentent comme une solution durable aux problèmes récurrents depuis déjà quelques années de gestion des salles de cours et d'engorgement des différents bureaux au sein de l'institut. Elles sont aussi une aubaine pour les acteurs de s'offrir du matériel informatique et surtout d'améliorer sa pratique des technologies de l'information et de la communication.

III.2.5. Mise en relation des facteurs internes et externes de l'INSAAC

Cette mise en relation est construite autour de quatre relations qui forces et opportunités, forces et menaces, faiblesses et opportunités, faiblesses et menaces. Elle permet de prendre des décisions et d'améliorer sa stratégie de développement et d'expansion.

- **Analyse de la relation forces et opportunités**

Figure 2. Relation entre forces et opportunités

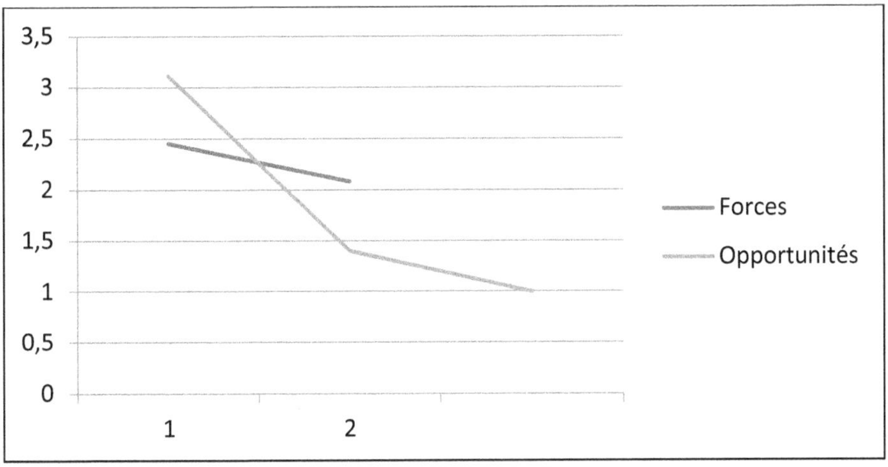

Source : réalisé par Koné (2021)

L'analyse de la relation entre forces et opportunités présentée par la figure 2, interpelle l'institut sur la nécessité de renforcer son dispositif pour pouvoir saisir les opportunités offertes par les cours en ligne dans le contexte de la crise sanitaire.

- **Analyse de la relation forces et menaces**

Figure 3. Relation entre forces et menaces

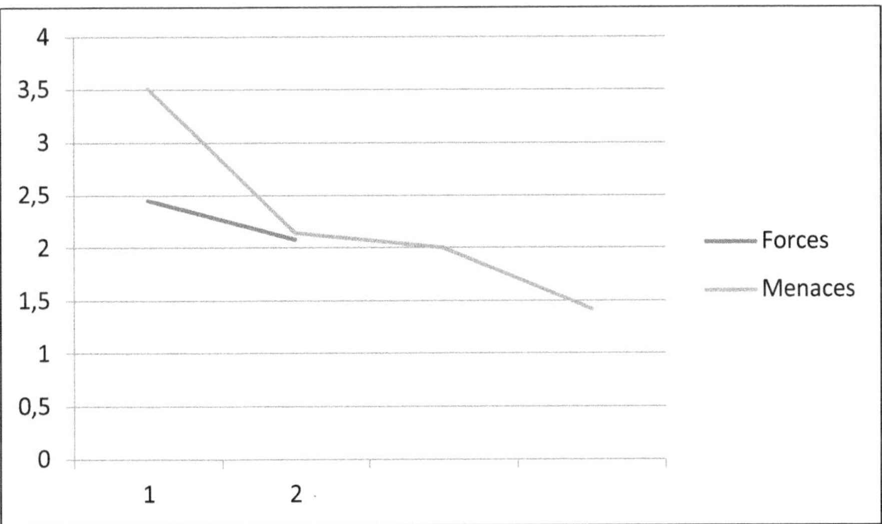

Source : réalisé par Koné (2021)

A l'analyse de cette figure 3, il ressort que les cours en ligne tels que envisagés par l'institut font face à de réels défis. Il serait donc impérieux pour cet établissement d'enseignement de réajuster sa stratégie et l'adapter aux réalités de son environnement.

- Analyse de la relation faiblesses et opportunités

Figure 4. Relation entre faiblesses et opportunités

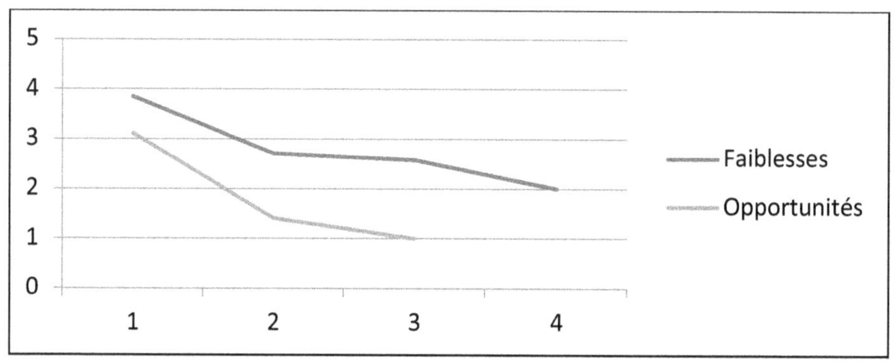

Source : réalisé par Koné (2021)

La relation entre faiblesses et opportunités est décrite par la figure 4. Cette relation rappelle que les faiblesses du dispositif des cours en ligne en cette période est un obstacle à son développement. Il serait donc judicieux pour l'institut de surveiller son environnement et surtout d'agir sur les faiblesses de son système afin de maintenir le rythme.

- Analyse de la relation faiblesses et menaces

Figure 5. Relation entre faiblesses et menaces

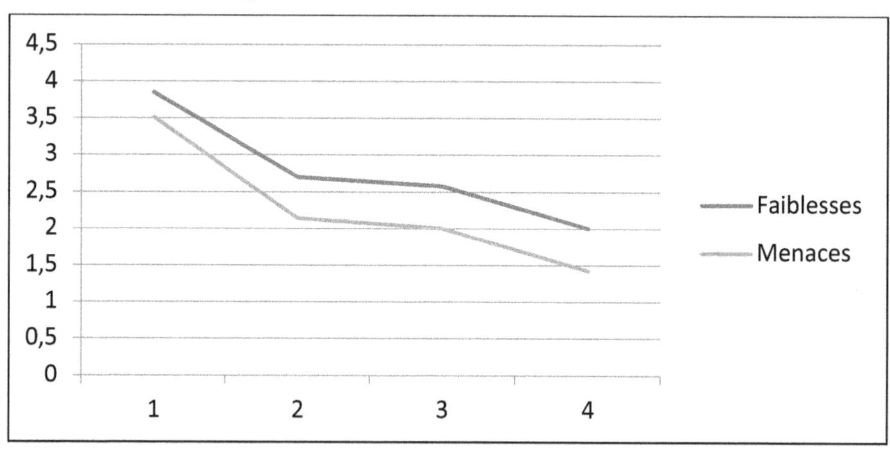

Source : réalisé par Koné (2021)

La figure 5 montre la relation entre les faiblesses et les menaces. Cette figure montre que les cours en ligne dans le contexte de la pandémie ne sont pas viables. Il faut une prise en main de ce dispositif sinon il court à sa perte.

IV. Analyse de donnees de l'entretien groupe (focus group)

Ces entretiens ont été réalisés, différemment pour éviter des interférences, dans la salle de professeurs et dans une salle de classe pour les étudiants, dans le strict respect des mesures de la distanciation sociale. Ils ont porté sur les forces, faiblesses, opportunités, menaces liées au cours en ligne dans contexte de la COVID-19.

IV.1. Perceptions sociales des enseignants

Evoquant les forces, les enseignants ont reconnu que les mesures de restriction ont été permises de se protéger et de sauver des vies. Mieux, ils se félicitent du fait que l'institut a trouvé une solution pour continuer la formation. Comme l'atteste ces propos : «*je suis heureux et je partage, évidemment les décisions* »; « *il n'y a pas eu de morts dans l'institut* ».

Quant aux faiblesses, c'est avec amertume : « (…) *rien que du copier-coller* » ; «*je n'avais pas accès à la plateforme* ».

Les TICE représentent une opportunité pour régler les difficultés de salles, surtout d'user de toutes les potentialités offertes par les TIC. Néanmoins, ils sont persuadés que ce système favorise le décrochage et l'échec scolaire des étudiants isolés et sans moyens de subsistances.

IV.2. Perceptions sociales des étudiants

S'exprimant en ces termes, un étudiant a décrit correctement les forces liées au cours en ligne : « *ça m'évite d'emprunter le* ***gbaka*** *(mini bus de transport en commun) et à la maison, je fais des économies*». Et un autre, «*je prends tout mon temps pour faire ce que je veux ; j'ai eu mon diplôme* ». Concernant les faiblesses, ils ont insisté sur les interruptions de la connexion et de l'électricité.

Sur la question des opportunités, c'est une feuille blanche qui a été brandie. Pour eux, le retour à une situation d'avant crise est souhaité de tous les vœux. Quant aux menaces, ils ont fait allusion à leur état psychologique marqué par le sentiment d'isolement et de solitude et de la précarité financière. Cet environnement est propice au décrochage et l'échec scolaire.

V. DISCUSSION DES RESULTATS

Cette étude sur les perceptions sociales des cours en ligne dans le contexte de la pandémie a suscité un intérêt particulier auprès des enquêtés, qu'ils soient étudiants ou enseignants. Chacun d'entre eux a exprimé des mots ou expressions son ressenti de l'expérience vécu de l'expérimentation de ce nouveau dispositif de formation. Effectivement, les stratégies de collecte de données combinées ont favorisé leurs évocations et l'importance qu'ils accordaient aux mots choisis pour exprime leur état d'âme. S'appuyant sur la méthode SWOT, l'on a pu déterminer deux facteurs liés à l'évaluation de cette formation dispensée en ligne. Ainsi, les facteurs internes (forces et faiblesses) et externes (opportunités et menaces) ont permis d'analyser la situation des cours en ligne en contexte pandémique. Cette structuration de l'analyse a été retenue pour cette discussion.

V.1. Perception sociale des forces, faiblesses, opportunités et menaces liées aux cours en ligne dans le contexte de la COVID-19 à l'INSAAC

La perception des cours en ligne est liée aux outils de communication dont font usage les apprenants et les enseignants pour interagir pendant et après les enseignements. La perception des autres est facilitée par des outils comme le chat et les forums. Les chats en classe virtuelle sont particulièrement appréciés en raison de l'intensité de l'activité d'apprentissage, facilitée aussi par la présence de l'enseignant en tant que médiateur pendant ces sessions collectives. En ce qui concerne le forum, cet outil est apprécié pour la possibilité qu'il offre de le consulter et de poser des questions à tout moment. (Denami, Marquet, 2015)

Partant de ce point de vue, l'analyse des facteurs internes a permis de lever le voile sur les difficultés techniques rencontrées par les acteurs de la plateforme. Même si, les forces de la plateforme semblent être d'une construction sociocognitive positive, il ne reste pas moins que ce sont des expectations exprimées par les autorités politiques et administratives qui ont été traduites. C'est pourquoi, les évocations liées aux faiblesses des cours en ligne viennent comme un couperet rappeler que certaines dispositions n'ont pas été prises et qu'il faille en tenir compte. Le désenchantement suscité par les défaillances du dispositif technique de la formation a fait passe les apprenants d'un état d'appréciation à dépréciation, confirmant le positionnement de Meiss (1993), quand il affirme que la perception sociale cache des attentes.

Le sentiment d'isolement vécu par les apprenants est intimement lié à fracture numérique qui est perçu par eux comme un échec qui présage d'un avenir incertain. Ce sentiment de solitude est le fait des disfonctionnements techniques constatés à la pratique de la plateforme qui brise les liens sociaux des acteurs en formation, d'où l'impossibilité d'interagir, d'échanger non seulement avec ses camarades mais aussi avec les enseignants. Alors que tout dispositif de formation en ligne doit intégrer des fonctionnalités de téléprésence pour alimenter sa perception sociale (Jacquinot, 1993). Même si, l'on peut être satisfait du travail universitaire qui a permis de valider l'année, l'état psychologique des apprenants et des enseignants s'en est trouvé doublement atteint, car les espoirs fondés sur les classes virtuelles se sont évanouis du fait de l'incapacité a créé l'environnement de la formation en présentiel dans l'univers virtuel. D'où la confirmation ce qui favorise système perceptif dépréciatif.

V.2. Perception sociale du positionnement technique liée aux cours en ligne dans le contexte de la COVID-19 à l'INSAAC

Le système perceptif lié aux facteurs externes se distingue de celui des facteurs internes. Il ne concerne que l'environnement externe de l'institut. Il prend en compte les réalités sociologiques qui ont fondé ces perceptions sociales.

En effet, le cours en ligne considéré comme produit médiatique et son déroulement au niveau de la classe, il existe non seulement une distance spatio-temporelle entre les acteurs participants à l'une et à l'autre de ces étapes, mais aussi une grande différence qualitative entre les processus générés. À la différence d'autres outils et matériels didactiques, l'utilisation des TIC pour l'enseignement dans une institution telle l'INSAAC devrait s'accompagner d'une série de conséquences d'ordre organisationnel, social et économique qui dépassent largement la simple introduction de nouveaux matériels dans la salle de cours (Kaikai, 2014). La mise en place de cours en ligne doit tenir compte de l'environnement et respecter un processus qui, intègre les acteurs, par la formation à l'usage des outils de communication de la plateforme (Guennoun, Benjelloun, 2016).

Aussi, la mise en relation des facteurs internes et externes a permis de rendre compte que le dispositif tel que appréhender par les enquêtés est en deçà de leurs attentes. Les espoirs placés en ce dispositif par les enquêtés de se reconstituer un univers de la formation identique à la forme présentielle ont déchanté (Duguet, 2015). L'apprentissage dans un contexte numérique est une solution adaptée aux organisations dans certaines situations ; lorsqu'il est nécessaire d'atteindre de nombreux apprenants géographiquement dispersés ou en situation de crise. Dans un cours e-learning en autonomie, les apprenants peuvent étudier le matériel du cours lorsqu'ils le souhaitent. Pour cela il est indispensable que les apprenants aient accès à un ensemble de documents interactifs et autonomes (Trestini, Rossini, 2015). L'apprentissage numérique facilité ou dirigé se déroule à un moment précis et intègre généralement des modules d'auto-apprentissage avec des activités de collaboration, telles que des discussions ou des groupes de travail. Les cours en ligne facilités ou dirigés utilisent des outils de communication qui permettent aux apprenants de communiquer avec les animateurs et les autres participants. Ces outils peuvent être asynchrones, comme les groupes de discussion ou les courriels, mais aussi synchrones, comme les chats et les audioconférences. Les activités d'apprentissage numérique, facilitées ou en auto-apprentissage, devraient se conformer à un ensemble de normes de qualité pour assurer l'efficacité du programme d'apprentissage (Petit, Deaudelin, Brouillette, 2015). Dans une approche mixte, les sessions de formation peuvent être combinées avec des activités traditionnelles en présentiel, en variant les typologies d'activités. Cette réalité est éloignée de celle vécu par les apprenants et les enseignants de l'Institut, d'où les perceptions sociales dépréciatives du dispositif technique, incapable de capitaliser les opportunités offertes par les TICE.

VI. Conclusion

La méthode évaluative fondée sur l'analyse SWOT utilisée dans la présente étude a permis de répondre à la problématique posée dans l'introduction de ce travail qui a résulté en identification des perceptions sociales des enseignants et des étudiants de l'Institut. Les instruments de collecte de données ont permis d'apprécier les forces, faiblesses, opportunités, menaces liées au cours en ligne dans le contexte de la COVID-19 dans l'Institut. Il en résulte donc que les perceptions sociales développées ont un ancrage fort dans les expectations insatisfaites du fait de l'environnement sanitaire et de l'incapacité du dispositif technique à créer l'univers des cours en présentiel. Cette situation a créé un inconfort psychologique qui se manifeste par le sentiment d'isolement, décrochage scolaire, démotivation, échec et fragilité de fracture numérique. A cela s'ajoute la précarité économique ; les apprenants sont dans l'impossibilité de mener de petites activités de subsistance autant pour les enseignants. Même si l'on peut se targuer de la validation de l'année universitaire et du respect des mesures sanitaires, il reste entendu que cela a été au mépris de certaines règles. En définitive, tout cet ensemble a développé chez les enseignants et les étudiants des perceptions sociales dépréciatives et cela reste jusqu'aujourd'hui une réalité immuable. Sur ce versant, l'Institut devra reconsidérer l'ensemble de sa stratégie en créant des liens sociaux entre ses différents partenaires afin de capter les opportunités qui s'offre à lui.

Bibliographie

BRAHMI, P., KHELIL, A (2016). « *L'utilisation de l'analyse SWOT en vue de l'élaboration d'un plan de développement stratégique, cas de l'université de Guelma», Annales des sciences sociales et humaines de l'université de Guelma*, N° 18, Décembre

DENAMI, M.A., MARQUET, P. (2015). « *Sentiment d'isolement en formations ouvertes à distance (FOAD) : quelle réalité, quelles conséquences ? », Frantice*, N° 10, Avril

DUGUET, A. (2015). « *Perception des pratiques pédagogiques des enseignants par les étudiants de première année universitaire et effets sur leur scolarité », Revue française de pédagogie* [En ligne], 192 | juillet-août-septembre 2015, mis en ligne le 30 septembre 2018, consulté le 03 janvier 2020. URL : http://journals.openedition.org/rfp/4839 ; DOI : 10.4000/rfp.4839

GOIN, Z. T., YAO, N.L.F, N'GUESSAN, D.G.F (2020). « *Education et Covid-19 en Côte d'Ivoire », Journal Africain de communication scientifique et technologique*, N° 91, Novembre, 1845-1855.

GUENNOUN, B., BENJELLOUN, N. (2016). *« Regards des étudiants sur l'intégration des TIC dans l'enseignement supérieur scientifique ». Revue internationale des technologies en pédagogie universitaire / International Journal of Technologies in Higher Education, 13 (1), 64–94.*

KAIKAI, H.A (2014). « *Appropriation des technologies de l'information et de la communication au sein de l'université marocaine : perception des étudiants », Frantice*, N°8, Avril, www.frantice.net

PETIT, M; DEAUDELIN, C et BROUILLETTE, L (2015). « *La présence en formation à distance : orienter la pratique en enseignement supérieur grâce à des résultats de recherches qualitatives* ». Adjectif.net [En ligne]. Mis en ligne le lundi 16 mars 2015. URL : http://www.adjectif.net/spip/spip.php?article338

RIVIERE-HONEGGER, A., COTTET, M., MORANDI, B., (2015). Connaître les perceptions et les représentations : quels apports pour la gestion des milieux aquatiques ? Rivière-Honegger Anne; Cottet Marylise; Morandi Bertrand. France. ONEMA, 2015, Comprendre pour agir, 979-10-91047-35-7. ffhalshs-01248761f

TOURE, K. (2020). « *L'appropriation pédagogique des technologies : un processus socioculturel* ». Dans T. Karsenti, K. Toure, M. Lepage et S. A. Attenoukon, Usages et appropriation des technologies éducatives en Afrique : quelques pistes de réflexion (p. 43-77). Bamenda : Langaa.

TRESTINI, M., ROSSINI, I. (2015). « *Les MOOC : perception des acteurs français de l'enseignement en ligne ». Revue internationale des technologies en pédagogie universitaire / International Journal of Technologies in Higher Education*, 12 (1-2), 93–106

Caractère problématique du pédagogique via les usages technologiques de. l'éducation en Afrique : entre expérience éducative démocratisée et aliénation des enseignements

Problematic nature of teaching via technological uses of education in Africa: between democratized educational experience and alienation of teaching

KOFFI Okon Marguerite-DJAH,

Maître-Assistant, Département des Sciences de l'Information et de la Communication, Université Félix Houphouët-Boigny (RCI), djahmarguerite@yahoo.fr

Résumé : La pédagogique numérique peut-elle rendre les apprenants plus efficaces en Afrique?

La faisabilité de cette pédagogie s'inscrit dans des théories, des objectifs et des méthodes. Malgré le nouveau monde numérique de l'école, le contexte africain présente des particularités. La prégnance des marqueurs traditionnels dans l'enseignement révèle que la pédagogie numérique est exogène, l'enseignement classique est un atout culturel. L'inventivité pédagogique par l'innovation technique se heurte à un défi et à une aliénation qui la dépeignent.

Mots-clés : TIC, pédagogie, aliénation, Afrique, cours en ligne

Abstract: Can digital education make learners more effective in Africa?

The feasibility of this pedagogy is based on theories, objectives and methods. Despite the new digital world of school, the African context presents some peculiarities. The significance of traditional markers in education reveals that digital pedagogy is exogenous, classical education is a cultural asset. Educational inventiveness through technical innovation comes up against a challenge and an alienation that depicts it.

Keywords: ICT, pedagogy, alienation, Africa, e-learning

I. INTRODUCTION

L'épidémie de la COVID-19 est au cœur de l'agenda international tant, elle suscite une attention particulière aussi bien pour les décideurs politiques que pour la communauté scientifique. Les outils du numérique se sont invités dans les plans d'attaque contre la COVID-19. Ils sont mobilisés pour aider à gérer, optimiser et garantir la continuité des activités vitales. En l'éducation, la continuité des activités pédagogiques et de recherche est assurée par le biais des outils des Technologies de l'Information et de la Communication (TICE).

Les TICE sont « héritières de technologies implantées successivement depuis l'apparition de l'audiovisuel, de l'informatique, de la télématique, des multimédias et enfin, l'Internet » (Baron, 2006, p. 13). Avec le développement de la Toile, une pléthore d'outils est ainsi venue compléter le trousseau traditionnellement utilisé par les enseignants et les étudiants. Parallèlement au développement des stratégies pédagogiques d'obédience socioconstructiviste, annoncées comme étant « centrées sur *l'apprenant* », les TIC sont devenues le fer de lance des programmes axés sur les *compétences :* l'accent est mis sur un apprentissage autonome de l'individu, lequel construit son propre *savoir*, guidé en cela par l'enseignant dont le rôle n'est désormais plus de transmettre des *connaissances* « préconstruites » :

Actuellement, les didacticiens considèrent l'apprentissage de plus en plus comme un processus guidé de façon autonome et active par l'apprenant lui-même et nécessitant dès lors un environnement d'apprentissage puissant [...]. Au lieu d'absorber des connaissances, l'apprenant les construit, tout en transformant l'information en connaissances effectives. (Desmet, 2006, p. 135)

La formation à distance est une pratique éducative privilégiant une démarche d'apprentissage qui rapproche le savoir de l'apprenant (Deschênes *et al.* 2006), Dans un cours à distance, on cherche ainsi à réduire la distance spatiale et/ou temporelle séparant les deux mais, selon ces auteurs, cette distance peut aussi être de nature technologique, psychosociale et socio-économique.

Un cours à distance n'est pas nécessairement un cours en ligne, c'est-à-dire diffusé sur le Web. L'enseignement à distance existait bien avant Internet, (Sener, 2015). Mais la formation à distance tire de plus en plus profit du potentiel offert par la technologie des réseaux au point où, pour plusieurs, les deux notions se confondent. De fait, les modèles de cours à distance évoluent aujourd'hui à vive allure. Ils peuvent être offerts entièrement à distance ou partiellement à distance (on les appelle alors des cours hybrides ou mixtes). Les cours offerts à distance en mode asynchrone permettent aux étudiants de réaliser les démarches d'apprentissage qui y sont proposées aux moments qui leur conviennent, que ce soit pour consulter les ressources d'apprentissage mises à leur disposition ou pour interagir avec l'enseignant ou les autres étudiants. Quant à la modalité synchrone, elle fait référence à des cours offerts à distance, mais à des moments déterminés en faisant appel à la vidéoconférence ou à la conférence Web. Les deux modalités peuvent aussi se conjuguer dans un même cours.

En éducation, plusieurs chercheurs ont reconnu que les TIC fournissent l'occasion de repenser et de délocaliser, dans le temps et dans l'espace, les échanges entre les enseignants et les apprenants et favorisent ainsi de nouvelles avenues pour des activités d'apprentissage ou de formation. Les TIC pourraient aussi catalyser le changement dans les méthodes pédagogiques et même prétendre faciliter le passage de la méthode traditionnelle à un ensemble plus éclectique d'activités d'apprentissage faisant place à des situations de construction des connaissances (Karsenti, 2006).

Cette doxa pédagogique s'est imposée dans pratiquement toutes les sphères de l'éducation, y compris l'université, non sans qu'elle prête le flanc, parfois, à des critiques radicales (par exemple, Mellouki, 2006 ; Baillargeon, 2009).

La formation à distance et ses différentes variantes jouissent d'une popularité sans précédent (Dilworth *et al.*, 2012). Dans les pays développés, la croissance des inscriptions est beaucoup plus grande dans les cours en ligne que dans les cours en présentiel (Dilworth *et al.*, 2012). Les MOOC (*Massive Open Online Courses*), des cours à distance de niveau universitaire offerts gratuitement à toute personne intéressée, recueilleraient actuellement plus de 20 millions d'étudiants, l'isolement est l'une des principales raisons de l'abandon de la formation à distance (Karsenti, 2013).

Or, malgré l'engouement de plus en plus accentué pour la formation à distance (Dilworth *et al.*, 2012;), des problèmes persistent sur le plan de la réussite des étudiants et surtout de leur persévérance à terminer leurs cours (Erichsen et Bolliger, 2011 ; Zha et Ottendorfer, 2011).

Le nouveau monde du numérique dans lequel est immergé l'école constitue un écosystème mouvant marqué par des innovations constantes, majeures dans tous les domaines. Il se caractérise par sa vitesse de mutation et les pressions implicites ou explicites qu'il exerce sans discontinuer.

La composante « activités pédagogiques » est évidemment restée au cœur de nombreuses publications, dans l'étude de ces activités pédagogiques, le thème des Technologies de l'Information et de la Communication a constitué un des points de départ les plus importants. L'itinéraire scientifique illustre bien l'insistance croissante à ne pas dissocier enseigner et apprendre, à allier pédagogie et technologie et à élargir encore la réflexion à la construction globale du dispositif de formation. Des auteurs comme Prosser et Trigwell, (1999), ont pu identifier les styles d'enseignement des enseignants universitaires et les styles d'apprentissage de leurs étudiants. Ils ont aussi étudié le degré de congruence entre ces premiers et ces seconds styles, ainsi que leur impact sur les performances académiques. Les recherches les plus nombreuses se sont intéressées au caractère prédictif de la pédagogie. Les facteurs de réussite devaient être conçus comme des facteurs qui s'emboîtent et définissent des conditions nécessaires mais non suffisantes. D'autres études comme celles de Wolfs (1991) se sont penchées également sur l'impact des résultats des activités pédagogiques, sur les formations universitaires. Aucune des corrélations calculées n'est statistiquement significative.

Le numérique peut-il est être une opportunité d'apprentissage au niveau pédagogique et rendre les apprenants plus efficaces, plus créatifs en un mot l'école peut-elle être plus émancipatrice ? Poser ces interrogations consiste à établir un rapport au savoir en termes de modalité d'apprentissage au niveau pédagogique et de démocratie de l'école.

Loin de nous s'inscrire dans des réflexions assimilées à une méfiance réactionnaire envers le progrès, cet article adopte un positionnement critique visant à déconstruire les croyances pour interroger la réalité des activités pédagogiques instrumentalisée par les technologies dans le contexte africain.

Il est donc question, d'explorer ici le rôle des technologies dans l'automatisation des activités de l'enseignement depuis les systèmes d'évaluation automatisés jusqu'aux systèmes d'apprentissage personnalisés qui régulent et individualisent le parcours de chaque étudiant, sans intervention de l'enseignant y compris les systèmes de surveillance et de contrôle.

Quelles peuvent-être les conséquences perceptibles dans la pratique pédagogique ? Dans quelles mesures ces pratiques pédagogiques sont-elles remises en cause ? Pourra-t-on encore longtemps penser que le numérique à l'école consiste seulement à faire la « même chose autrement », avec des outils ou des services plus ou moins innovants (Plantard, 2019), alors que c'est sûrement « faire autre chose autrement » ? (Véran, Martin, Le Baut, cité par Crouzier, Reverchon-Billot, 2015). Interroger les éléments constitutifs de l'acte pédagogique n'est pas seulement (re)penser les lieux où il s'exerce, c'est (re)définir aussi les valeurs qui le portent et la composante éducative dans laquelle il s'inscrit.

Par l'examen du caractère problématique du pédagogique via les usages technologiques de l'éducation en Afrique, cette critique vise plutôt à ouvrir la conversation et à redoubler d'efforts dans la poursuite de meilleure façon de faire les choses.

Cette étude se fonde sur la théorie de la pratique de l'habitus de Pierre Bourdieu. Selon cet auteur, cette théorie permet de déporter la primauté explicative des dispositions empiriquement acquises vers la manière de les acquérir. Elle doit être ainsi posée comme un « principe générateur (et unificateur) de pratiques reproductrices des structures objectives » (Pierre Bourdieu et Jean-Claude Passeron, 1987).

Cette redéfinition peut être tendue dans deux cadres explicatifs. Du côté de ses conditions de production, l'habitus se définit par trois caractères. Il renvoie d'abord aux apprentissages par lesquels des perceptions, des jugements ou des comportements sont véhiculés et inculqués pendant la socialisation individuelle. Il renvoie ensuite à l'impact de ces apprentissages sur l'agent, à la façon dont ils sont intériorisés et reconduits dans un inconscient individuel et collectif. Il renvoie enfin à la capacité de ces dispositions à faire naître des pratiques sociales telle la persistance de l'enseignement classique dans les universités de l'Afrique qui s'oppose à l'idéologie du moment c'est-à-dire la pédagogie numérique.

II. METHODOLOGIE

II.1. Site et population d'enquête

L'enquête s'est déroulée dans les treize (13) Unités de Formation et de Recherches (UFR) de l'université Félix Houphouët-Boigny d'Abidjan Cocody. L'échantillon s'élève à soixante-cinq (65) étudiants en raison de cinq (05) étudiants par UFR. Elle enregistre également un échantillon de vingt-six (26) enseignants en raison de deux (02) par UFR. La technique d'échantillonnage est l'échantillon accidentel parce que constituée d'enquêtés (enseignants et étudiants) rencontrés au hasard au sein des UFR.

II.2. Instruments de recherche et analyse des données

Sur la base d'une étude qualitative menée auprès des étudiants de l'Université Félix Houphouët-Boigny, axée sur une approche ethnographique approfondie, et des entretiens menés auprès des enseignants, cette approche présente une entrée de choix dans la mesure où elle conjugue à la fois la collecte d'observations et de représentations in situ (Schneider, 2013). Cette méthode a exploré également comme technique de collecte de données, la recherche documentaire.

Les données recueillies se composent des entretiens avec les enseignants, sur la culture institutionnelle concernant la valeur éducative de la pédagogie numérique à travers Microsoft Teams qui est l'outil homologué des universités publiques de Côte d'Ivoire, l'incidence de cet outil sur l'apprentissage, leur regard sur le phénomène de déperdition universitaire. Il a été utilisé l'analyse thématique, l'analyse de discours pour traiter les informations collectées.

En s'intéressant au rapport des étudiants à la pédagogie numérique, l'objectif de cette étude est de documenter les pratiques numériques telles qu'elles sont et non pas telles qu'elles devaient être (Selwyn, 2010), puis de dégager les principaux enjeux, en termes d'acquis, de rendements, de difficultés sur l'autonomisation des parcours via la pédagogie numérique ce qui a débouché sur leur représentation sociale par rapport à la prégnance entre les deux modèles d'enseignement (classique et numérique).

Dans une visée explicative, cette analyse gagne à être considérée : les observations c'est-à-dire les pratiques numériques effectives des étudiants et les représentations renvoient à la manière dont ils font sens de leur rapport à la pédagogie numérique en termes de compréhension et d'accessibilité de la formation. La compréhension des rapports et des pratiques au numérique nous ont permis d'appréhender la dynamique motivationnelle de la réussite des étudiants.

III. RESULTATS : OMNIPRESENCE DES MARQUEURS TRADITIONNELS DANS L'ENSEIGNEMENT

La pédagogie numérique est perçue comme une pratique exogène et l'enseignement classique comme un atout culturel.

III.1. Pédagogie numérique : une pratique exogène

Malgré leurs avancées récentes, la pédagogie numérique et ses technologies continuent à faire problème. Plusieurs facteurs en Afrique, expliquent cette culture académique traditionnelle qui fondent les universités et s'opposent à l'idéologie du moment.

Quand on parle de Technologies de l'information et de la communication dans l'éducation, on peut s'accorder à dire qu'il y a une triple fracture en ce qui concerne le continent africain. Une première fracture nord sud qui s'illustre par la faible pénétration des TIC en Afrique comparativement aux pays occidentaux. En Afrique, on fait face à une foule de questions qui se posent au sujet de l'infrastructure; l'électricité étant ici le principal souci. La deuxième fracture est liée aux inégalités numériques qui sont le fait de facteurs individuels et sociaux dont ceux de nature socioéconomique des apprenants. Ces ressources influent à leur tour les dimensions constitutives ces inégalités numériques : l'accès, la motivation, les usages numériques et les compétences qui constituent la troisième fracture au niveau des apprenants ce qui entraine des risques d'exclusion, d'échec, de désaffiliation du système universitaire (Eynon, 2009).

Les mutations de la connaissance entraînées par la révolution numérique et les processus de mondialisation heurtent frontalement les modèles de pensée et d'action profondément inscrits dans l'histoire, les structures et les habitus de l'institution. L'université est partagée entre deux conceptions opposées de sa mission d'enseignement, de ses fins et de ses modalités. Le modèle traditionnel structure les mentalités et la représentation des savoirs enseignés.

Des enseignants interrogés précisent : « *les contenus des cours magistraux, les procédures, le savoir-faire académiques tels que les méthodes et techniques de travail et de communication à l'écrit et à l'oral favorise la métacognition, la réflexivité, l'autorégulation, l'autoévaluation, le sentiment d'auto-efficacité (...)* ».

La légitimité différentielle des contenus et des méthodes d'enseignement marquent tous les niveaux de l'organisation. La prégnance de l'ancien modèle, accentuée par la crainte fondée de voir l'université se secondariser et se professionnaliser contraint les projets à dimension pédagogique à livrer un combat à tous les niveaux : que ce soit pour la redéfinition des contenus, des instruments et des espaces de formation, la diversification des modes d'évaluation, le soutien aux étudiants et l'accompagnement de leurs démarches de travail et d'autonomisation.

D'autres enseignants soutiennent : « *le Compagnonnage entre pairs; le tutorat par des aînés; suivi par des mentors, aide au diagnostic des difficultés et remédiation, au niveau des cours, renforce le soutien aux processus de formation qui ne se réduit pas à l'acquisition d'information. Au niveau de l'évaluation, l'évaluation formative confère à l'apprenant un degré d'autonomie et d'initiative incitant à la réflexion, à la prise de conscience et à l'ajustement autonome de son propre travail, car elle est distribuée dans le temps de façon collective. Ce qui n'est pas le cas de l'évaluation sommative, cumulative, qui est distribuée de manière ponctuelle, et individuelle* ».

III.2. Enseignement classique : un atout culturel

Pour les enquêtés, l'environnement et la culture de Afrique sont incompatibles à la machinisation. Si l'école par le passé a été le socle de l'humanisme avec l'avènement des TICE, elle ne l'est plus elle est déshumanisée.

Albero (2020), ne dit pas le contraire, parce que sous la succession des innovations technologiques, la machine routinière continue donc à fonctionner, par et pour elle-même. Agents passifs de processus éphémères, les acteurs éducatifs se retrouvent au final largement privés de leur capacité d'action, d'initiative et de réflexion critique. La supercherie consiste à le savoir et à continuer tout de même, en fabriquant des vitrines aussi flatteuses que provisoires qui ne changent rien de fondamental. Sachant, par exemple, que chaque nouvel artefact demande des compétences que les usagers doivent acquérir, la supercherie consiste à renouveler toujours plus vite les outils en supposant que les compétences viendront d'elles-mêmes. Nul ne pouvant nier que, au-delà de l'adaptation aux besoins, les dispositifs ne sont efficaces que par l'engagement et la conviction de leurs utilisateurs, chacun préfère continuer à croire qu'ils sont autosuffisants.

L'école, cette organisation s'inscrit désormais dans la théorie du taylorisme car elle prône la rationalité de l'enseignement et de la formation sur la base de la productivité quantitative ignorant les conditions de vie et de travail des enseignants et des étudiants. Cette déshumanisation de l'école dévalorise les valeurs de cohésion sociale, de solidarité, de liens sociaux de proximité qui constituent des habitus pour les africains.

L'*habitus* constitue une règle acquise dont les fondements conscients et inconscients sont partagés par un groupe. En effet, chaque adaptation d'un *habitus* implique la mise en application de codes connus et partagés, compris et acceptés, sous peine que l'adaptation ne passe pour une déviance. L'habitus forme un patrimoine social et culturel qui s'exprime dans les pratiques quotidiennes. Les habitus sont des « structures structurées structurantes » qui construisent et permettent l'expression de l'individu (Bourdieu, 2000).

IV. INVENTIVITE PEDAGOGIQUE PAR L'INNOVATION TECHNIQUE : ENTRE DEFI ET ALIENATION

L'inventivité pédagogique par l'innovation technique : entre défi et aliénation s'explique à travers les représentations sociales des défis à relever dans la conception des cours à distance et les Constituants de l'aliénation de la pédagogie numérique.

IV.1. Représentations sociales des défis à relever dans la conception des cours à distance

Les cours à distance impliquent : le défi de l'autonomie de l'étudiant, le défi d'une pédagogie explicite, le défi d'une conception collaborative et le défi de la médiatisation des cours. Il revient à l'enseignant de favoriser l'engagement actif de l'étudiant dans le cours, d'accompagner l'étudiant dans son cheminement de manière synchrone et/ou asynchrone, et de privilégier un format médiatique sobre et cohérent.

Pour les agents éducatifs, ces technologies sont le plus souvent destinées à résoudre les problèmes pratiques liés à l'enseignement de masse, en compensant l'ensemble des coûts et des contraintes par une offre croissante de services à distance et en ligne. Ce constat conduit à s'interroger sur les intentions qui orientent réellement cet intérêt pour ce type d'innovation et sur la manière dont est traitée la démocratisation de l'accès aux formations de haut niveau.

C'est l'apparition d'une situation nouvelle, innovante ou bien d'un phénomène inconnu ou d'un évènement inhabituel qui favorise l'émergence d'une représentation sociale. Du fait du caractère nouveau de l'objet ou phénomène, l'information à son propos est limitée, incomplète et fait l'objet d'une grande dispersion dans les différents groupes sociaux impliqués par l'émergence de cet objet. En effet, en tant qu'acte de re-construction d'un objet, la représentation n'est pas qu'une simple reproduction du monde extérieur, elle témoigne aussi de la façon dont l'individu, le groupe selon sa culture identitaire se pense dans ses rapports avec les objets qui l'affectent.

IV.2. Constituants de l'aliénation de la pédagogie numérique

L'apprentissage reste d'abord et avant tout une activité intellectuelle, cognitive. Or, il est un aspect particulier que l'apprentissage médiatisé, notamment par Internet, introduit dans le phénomène de cognition, c'est celui de l'articulation de l'information traitée. La démarche classique suivait un cheminement logique, rationnel, parfois peut-être un peu trop linéaire. Le « Web » en tant qu'espace d'informations ouvert bouleverse la démarche classique, base de la démarche et de l'argumentation scientifique.

Ainsi, le développement des hypertextes puis des hypermédias mène à des situations d'apprentissage dans lesquelles l'apprenant détermine lui-même son cheminement.

Après une première phase d'optimisme, on constate que les apprenants rencontrent des difficultés de sélection de leurs parcours et de leurs informations, et des problèmes de désorientation. Les problèmes fréquents des utilisateurs sont qualifiés de « perdus dans l'hyperespace », de « surcharge cognitive », de « coq à l'âne », de « digressions emboîtées", etc. La désorientation est l'effet cognitif produit chez le lecteur qui ne fait plus le lien entre son projet de navigation initial et les zones d'informations qu'il est en train de lire. C'est l'état de surcharge cognitive lié à une trop grande quantité d'informations qui va amener de manière générale à la désorientation. Et ceci est d'autant plus vrai que le lecteur est jeune.

Egalement, le mode de lecture promu par le Net, faisant place à l'efficacité » et à l'immédiateté d'abord, peut nuire à la capacité de lecture profonde des apprenants. En ligne, l'apprenant a tendance à devenir un simple décodeur de l'information. Son aptitude à interpréter le texte, à établir de riches connexions mentales n'est plus sollicitée.

La dimension pédagogique d'un cours est plus que l'acquisition d'un savoir intangible; l'objectif est d'aider les étudiants à comprendre, à réfléchir, à construire les outils intellectuels dont ils ont et auront toujours besoin, insistent les enseignants.

En ce sens, l'exercice de synthèse d'un corpus d'information implique une activité intellectuelle différente de celui de résumer. Alors que le résumé est facilité par les outils actuels d'édition électronique, par copier-coller de titres et de bout de textes, le travail de synthèse, s'exerçant sur le sens d'un texte et non plus sur sa forme, implique une activité cognitive non programmable. Avec la synthèse, il faut prendre son temps, laisser reposer, parfois reprendre une formulation, changer une idée, trouver les bons termes selon les étudiants.

Ils expliquent que quant au zapping, il s'agit aussi d'un réel exercice intellectuel, car il oblige à capter le plus vite possible ce qui fera sens; cela implique une course de vitesse entre les perceptions et la catégorisation. Il faut être capable de saisir le sujet, la nature de son traitement, puis de juger la qualité de celui-ci, le tout en un éclair. L'exercice demande une rapidité d'esprit, une concentration à la fois flottante et ciblée.

Pour les enseignants, outre la multiplicité des dispositifs numériques mis en place dans le cadre institué de l'université : espaces Numériques de travail, plateformes d'apprentissage à distances, outils collaboratifs, les étudiants en séance de travail, développent des usages sur des instruments de travail collaboratif (Ex. Google Docs, Google Drive, *etc.*). Cependant, si l'accès à Internet permet aux étudiants de travailler sous une autre forme, il est aussi une source de distraction préjudiciable du fait de la double tâche induite par ces outils. Le fait par exemple de consulter un autre outil lors d'un cours affecte négativement les résultats aux examens. La question de la gestion des ressources attentionnelles reste une préoccupation des cours à distanciels et se discute depuis les modalités de prise de notes en cours jusqu'à l'information dans un hypertexte. L'usage des outils numériques entraine de la sorte une forme d'incivilité numérique envers les enseignants ou une problématique d'addiction dans la population estudiantine.

La difficulté de communiquer conduit à l'isolement qui est l'une des principales raisons de l'abandon en formation à distance. Pour diminuer le sentiment d'isolement en formation à distance, la communication et la présence sous toutes ses formes devraient être développées. La présence dans la distance apparaît de plus comme l'une des composantes de l'efficience des dispositifs. Mais les expériences répertoriées n'encouragent pas l'utilisation des nouvelles technologies, et Endrizzi (2012) affirme même que les conséquences de leur utilisation sur l'apprentissage ne sont pas tangibles et demandent la tenue d'autres recherches.

V. Discussion

Selon les objectifs internationaux et politiques d'intégration des TICE dans l'éducation, les TICE sont au service de l'élargissement des possibilités de l'enseignement et d'apprentissage. Elles sont au service de la réforme de l'éducation et de l'amélioration des programmes d'études et de la qualité de l'apprentissage, elles sont également au service de l'amélioration de l'égalité des chances dans l'éducation avec pour ciblage les groupes marginalisés. Elles sont au service de l'amélioration de l'employabilité et de la diversification des compétences nécessaires à la vie courante. Telles sont les priorités de l'action publique pour la démocratisation du savoir.

En tant qu'activités sociales, l'éducation et la formation sont, anthropologiquement et historiquement, des processus complexes, profonds et donc très lents, précise Albero, (2020). Il faut accepter de reconnaître que tous les types de connaissances et de savoir-faire à acquérir ne se prêtent pas à l'instrumentation technique et à la médiatisation, et que certains types de connaissances et de savoir-faire ne peuvent être acquis qu'avec un puissant accompagnement humain, en qualité et en volume (Balima 2004).

L'enjeu pour l'université consiste précisément à préserver sa capacité à produire des connaissances de haut niveau et, sans renier ses héritages, à les transmettre à des publics aujourd'hui nombreux et diversifiés. Il reste donc un modèle à construire et à défendre : celui d'une université ouverte sur le monde contemporain, qui ne craint pas de réfléchir, voire d'inventer, un modèle organisationnel particulier (Abelson, 2006), susceptible de préserver ce *quelque chose* d'original et de singulier qui réside dans ses multiples manières d'accompagner sur le chemin de la connaissance, selon une visée de culture et d'émancipation.

Cette situation, qui concerne très directement l'école, l'entraîne dans ce qui n'est plus une simple modernisation de l'institution, mais une transformation radicale, inévitable dans le contexte des mutations mondiales.

VI. CONCLUSION

En définitive, la pédagogie via les technologies a un caractère problématique sa faisabilité s'inscrit dans des théories. L'efficacité des outils technologiques dans l'éducation est déterminée par les objectifs et par les méthodes mises en place pour les atteindre. L'outil informatique est et reste un outil même si il nous paraît un peu « intelligent », Lebrun, 2007. Les choses ne sont pas simples, nous partageons cette vision de l'auteur pour dire que le fait de vouloir utiliser un outil peut nous faire revoir les objectifs et les méthodes de notre enseignement. A partir du moment où l'on laisse l'étudiant accéder lui-même aux savoirs en le laissant, par exemple, pianoter sur internet, nous avons accepté de n'être plus la seule source du savoir, nous avons fait un pas vers une pédagogie plus active.

RÉFÉRENCES BIBLIOGRAPHIQUES

Dilworth et al., (2012), « Editorial: Preparing Teachers for Tomorrow's Technologies », *Contemporary Issues in Technology and Teacher Education*, no 12/1, p. 1-5.

Karsenti T. (2013), « MOOC : révolution ou simple effet de mode ? », *Revue internationale des technologies en pédagogie universitaire*, no 10/2, p. 6-22.

Erichson E.A., Bolliger D.U. (2011), « Towards Understanding International Graduate Student Isolation in Traditional and Online Environments », *Education Tech Research Dev.*, no 59/3, p. 309-326. DOI : 10.1007/s11423-010-9161-6

Wei C.-W., Chen N.S. (2012), « A Model for Social Presence in Online Classrooms », *Educational Technology Research and Development*, no 60, p. 529-545. DOI : 10.1007/s11423-012-9234-9

BARON G-L, (2006) « Réflexions sur les TIC en éducation. Formation et profession », *Bulletin du CRIFPE*, vol. 12, no 3, p. 12-16.

DESMET P., « L'enseignement/apprentissage des langues à l'ère du numérique : tendances récentes et défis », *Revue française de linguistique appliquée*, vol. XI, no 1, 2006, p. 119-138. Disponible sur <http://www.cairn.info/revue-francaise-de-linguistique-appliquee-2006-1-page-119.htm> [consulté le 30 janvier 2011].

MELLOUKI M'., (2006) « L'anachronique – Construire sa connaissance. Formation et profession », *Bulletin du CRIFPE*, vol. 12, no 3, p. 59-61.

BAILLARGEON N. (2009), *Contre la réforme. La dérive idéologique du système d'éducation québécois*, Montréal, Presses de l'Université de Montréal, 174 p.

Karsenti T. (2006), Profession enseignante : les TIC font-elles mouche? Formation et Profession

Plantard P., (2019), Pratiques numériques des jeunes et inégalités éducatives : approche anthropologique et communicationnelle, consulté le 10-02-2021

Crouzier, M-F, Reverchon-Billot, M, (2015), Problématique : le numérique, une chance pour le système éducatif ? Association Française des Acteurs de l'Éducation | « Administration & Éducation » 2015/2 N° 146 | pages 7 à 9 ISSN 0222-674X

La migration covidienne dans quelques communiqués gouvernementaux camerounais : une approche géo-épistemocritique des chronotropes de transmission

Covid migrartion in some Cameroon governmental announcements: A critical geo-epistemic approach to chronotopic transmission

Daniel SE NGUE

Enseignant-Chercheur
École Normale Supérieure de Maroua
Université de Maroua/Cameroun
Laboratoire de Langue, Littératures et Études Comparées
d.sengue@yahoo.com

Résumé : L'an deux mille vingt endeuille la planète terre par l'apparition en chine du virus Covid-19. L'errance des citoyens chinois porteurs du virus à travers le monde engendre des contaminations en série en Asie, en Europe et en Amérique. L'Afrique et particulièrement le Cameroun ne sont pas en reste face à cet enlisement mondial des infections. Yaoundé, Douala et Bafoussam sont les trois régions du Cameroun particulièrement concernées par cette épidémie. Pour y faire face, le gouvernement se mobilise dans la riposte. Il fait office de didacticien, de psychologue et de pédagogue à travers des kyrielles de communication. Le présent résumé dont le titre est la migration covidienne dans quelques communiqués gouvernementaux camerounais : une approche géo-épistemocritique des chronotopes de transmission ambitionne étudier l'impact des sèmes spatio-temporels pendant la crise sanitaire au Cameroun. Ils focalisent le récit, par ce que l'événement a besoin d'urbi, autant que d'un quid ou d'un camp (Mitterrand, 1985). Le champ épistémocristique introduit dans un texte un élément épistémique, c'est donc greffer sur la scène narrative (le jeu des structures du récit, décrit par les narratologues) ou sur la structure prosodique, toute l'arborescence potentielle, des figures d'un savoir, avec effet en retour que cela ne peut manquer d'avoir sur les possibles narratifs comme sur le jeu du sens dans le récit où le poème lui-même l'évocation de l'espace dans un roman où se fonde sur un certain nombre d'évidences, de choses communes, et en plus, exprime les volontés de l'auteur et la façon de concevoir le monde. C'est dire d'après (Seidl, 1970) que l'espace signifie quelque chose d'intérieur, d'humain, il est en somme, une expérience matérielle de l'esprit.

Mots clés : migration, Covid-19, chronotopes, paradigme idéologique.

Abstract: The year two thousand caused planet earth to mourn as a result Covid 19 in China. The straying of Chinese citizen's carriers of the virus through the world caused contamination in series in Asia, Europe and America. Africa and more specifically Cameroon was not spared from this worldwide infection of Covid 19. Yaoundé, Douala, and Bafoussam are the three regions of Cameroon particularly concerned by this Corona virus pandemic. To face the situation, the government mobilised itself to curb it. The government acts like a didactic, psychologist, pedagogic expert through means of communication. The present paper whose title is "Covid migrartion in some Cameroon governmental announcements: A critical geo-epistemic approach to chronotopic transmission" aims at studying the impact of the spatio-temporal words used during the health crisis in Cameroon. These deixis focus on the narration because the event absolutely needs a "who" and a "when" (Mitterand, 1985). The epistemo-critic field introduces in a text an epistemic element. It is therefore grafted on the narrative scene (the game of the structure of the storyline described by the narrators) or on the prosodic structure, all the potential arborescence of the figures of a knowledge with a return effect which cannot fail to impact the possible narratives as on the game of sense in the storyline or the poem itself. The mention of space in the novel is based on a number of evidences which are common, besides, expresses the author's wills and his perception of the world. This means that it cannot fail to have on possible narratives like the game of sense in the storyline or the poem itself. The mention of space in a novel is based on a number of evidences, common things, and besides expresses the author's will and his perception of the world. This means that according to Seidl, 1970) space signifies something internal, human; it is in a nutshell a material experience of the spirit.

Keywords: Migration, Covid-19, Chronotopic, Ideological paradigm.

I. Introduction

La migration ne relève pas que des hommes. Même si dans la mythologie gréco-latine, Homère nous la fait découvrir à travers son *Odyssée*. Il évoque Ulysse et ses très nombreuses aventures qui font de lui le personnage antique le plus connu. Il apparait dans les deux épopées L'*Iliade* et l'*Odyssée*. Ce sont de figures qui incarnent l'intelligence et la ruse. L'*Odyssée* devient le symbole du voyageur errant qui finit par revenir chez lui à *Ithaque*. Cette même configuration anime le 16eme siècle à la Renaissance française. Joachim Du Bellay dans ses *Regrets* à travers son personnage d'Ulysse véhicule l'idée du voyage avec pour but la recherche du savoir et des connaissances comme Prométhée. Sauf que sur le volet sanitaire, la migration s'avère difficile voire insoutenable et inappropriée. Surtout lorsqu'elle est un catalyseur à la multiplication du virus à l'instar du Covid-19. L'apparition de ce virus ainsi que ses multiples contaminations dans le monde et au Cameroun amène le gouvernement à sortir de son silence et à proposer le plan de riposte. Cette riposte se fonde sur les communiqués que celui-ci use pour faire face à cette pandémie. Si communiquer est le fait de s'approprier à la parole et de l'écriture dans le but de produire un message dans le temps et dans l'espace, avec un émetteur et un récepteur, celle-ci cible un auditoire bien précis. La présente communication qui s'intitule : « la migration covidienne dans quelques communiqués gouvernementaux camerounais : une approche géo-épistemocritique des chronotopes de transmission » ambitionne comprendre l'impact des chronotopes dans le processus de divulgation du virus dans les discours gouvernementaux de juillet à Aout 2020. Autrement dit, quel rôle jouent l'espace et le temps dans la programmation du Covid 19 ? Pour ce faire, nous axons notre réflexion sur l'hypothèse selon laquelle les déictiques spatio-temporels sont des facilitateurs au Coronavirus. Cette évidence s'appuie sur la géo-épistémocritique. Pour cette approche, il faut introduire dans un texte un élément épistémique. C'est donc greffer sur la série narrative (le jeu des structures du récit par les narratologues ou sur la structure prosodique). Toute l'arborescence potentielle de figures d'un savoir avec effet en retour que cela ne peut marquer d'avoir sur les possibles narratifs, connue sur le jeu du sens dans le récit ou le poème lui-même. L'évocation de l'espace dans un parcours ou dans un discours se fonde sur un certain nombre d'évidence, de chose commune, et en plus, exprime les volontés de l'auteur et la façon de concevoir le monde. C'est-à-dire d'après (Seidl 1970) que l'espace signifie quelque chose d'intérieur d'humain. Il est en somme, une expérience matérielle de l'esprit.

II. ÉTAT DES LIEUX DE LA SITUATION PANDEMIQUE AU CAMEROUN

Le Cameroun est un pays situé au cœur de l'Afrique centrale. Cette situation géographique fait de lui un leader sur le plan économique, social culturel et politique. Les relations humaines à l'intérieur du pays comme à l'extérieur sont harmonieuses d'où la présence sur son terrain d'une mosaïque des ressources humaines étrangères. C'est de cette relation de bon voisinage que ressort l'origine de la pandémie du Covid 19. En effet, le Cameroun devient l'un des pays infectés par le coronavirus par l'entremise d'un avion en provenance de Paris. Celui-ci contient des passagers contaminés depuis l'Europe. Ces passagers bien que confinés dans les hôtels, question de pratiquer des tests avant leur libération vont fuir les lieux. Du coup, les contaminations s'enchainent dans les familles. Les morts se comptent par centaines. Le gouvernement par l'entremise des communiqués organise la riposte en présentant la pandémie en chiffres. Ainsi, le mois de juillet à aout 2020 sont des périodes critiques où le coronavirus sévit au Cameroun.

II.1. La situation du Covid-19 au mois de juillet 2020 au Cameroun

Le Chef du Gouvernement **S.E Joseph Dion** de Nguté en date du 23 juillet 2020 fait un bilan de la situation sanitaire au Cameroun. Il ressort que l'évolution de la pandémie du Covid -19 au Cameroun se chiffre à 16708 cas confirmés, parmi lesquels on compte 385 décès et 14539 malades guéris. Selon Le Gouvernement, si ce taux de contamination tend à se stabiliser sur l'ensemble du territoire national, on assiste cependant à un regain de l'épidémie dans plusieurs pays d'où la nécessité de respecter scrupuleusement les mesures barrières, en particulier la distanciation sociale et le port systématique du masque de protection dans les espaces ouverts au public.

Au mois d'aout, la crise sanitaire au Cameroun ne s'amenuise pas. Les chiffres du mois de juillet restent constants et même grandissants. Le Premier Ministre Camerounais présente les statistiques lourdes de sens et signification. On dénombre pour cette période du mois d'aout 17586 personnes infectées par le virus donc 16060 guéris et 393 décès. Ces statistiques montrent que les contaminations s'enchainent et ne s'arrêtent pas. Le Gouvernement note que le taux de létalité est de 2,2% tandis que le taux de guérison se chiffre à 91% confirmant ainsi une légère stabilisation de la courbe de contamination. Cet optimisme de papier est loin de satisfaire la population camerounaise en émoi. Les confinements se décrètent, l'arrêt des cours dans les établissements publics et privés, des cycles primaires et secondaires et universitaires se décrètent. C'est en l'occurrence l'état d'urgence. Le Covid-19 endeuille le monde. Parmi ses victimes, on note les vieillards. Cette tranche d'âge est la plus touchée au Cameroun. De cette tranche d'âge, le sexe féminin suit avec une courbe ascendante de cas. L'activité commerciale est à l'arrêt. On assiste à l'émergence des marchés périodiques. L'ennui s'installe, l'angoisse aussi. L'oisiveté crée la panique dans les mémoires des citoyens. Dans les ménages la responsabilité et la prise en charge des enfants deviennent onéreuses. Le panier de la ménagère ne satisfait plus tant il y'a de l'activité, les bouches à nourrir. Les statistiques que prône Le Gouvernement du Cameroun démontrent une situation alarmante. Elles montrent que la crise sanitaire se présente sur une courbe ascendante. Cependant, la question que l'on se pose est celle de savoir qu'est ce qui facilite la propagation de ce virus à Covid-19 au Cameroun ?

III. Les chronotopes de transmissions de la pandemie au Cameroun

La notion de chronotopes renvoie à l'exploitation des sèmes de temps et d'espaces dans le discours littéraire. Elle intègre aussi toutes les dispositions discussives allant de la parole au communiqué comme c'est le cas dans notre travail. Les déictiques spatio-temporels insistent sur le fait que l'espace et le temps plantent l'entourage dans le cadre la migration covidienne. Alain Robbe – Grillet affirme à cet effet : « qu'il s'agit le plus souvent de planter le décor, de définir le cadre de l'action ». (Aron, 2002). L'espace est le substrat dans lequel se déploient les phénomènes dimensionnels. De même, le temps est associé à la fois à une proposition dans un continuum et une durée définie par la différence entre deux notions. L'espace est aussi l'organisation particulière d'un lieu naturel ou un construit quelconque. L'espace est rapporté à une culture donnée. Il est même d'après Bourneuf et Ouellet que : « l'espace dans le roman s'exprime **(...)** dans les formes et revêt des sens multiples jusqu'à constituer parfois la raison d'être de l'œuvre » (Bournef et Ali, 1989). C'est dire que l'espace est rapporté à une culture donnée. Cette considération spatiale dans sa production est associée à l'auteur et à l'écriture sur la migration covidienne au Cameroun. L'espace Cameroun renvoie donc à la culture camerounaise de la gestion du Covid-19. Pour Angelbert Mveng : « l'identité culturelle camerounaise est un fait. Elle repose sur des facteurs évidents comme l'histoire, la géographie, les institutions politiques, et une extraordinaire variété artistiques, ethniques et économiques » (Mveng, 1985). Il faut comprendre par-là que l'espace Cameroun au regard de ses statistiques illustrées dans les communiqués gouvernementaux devient l'espace dysphorique dans certaines régions et euphorique pour d'autres. Dans la plupart des cas ces espaces sont dysphoriques.

III.1. L'espace dysphorique de la pandémie au Cameroun

La notion d'espace se caractérise en deux catégories voire en cinq catégories. On distingue l'espace de la production (associée à l'auteur et à l'écriture : lieux où il écrit lieux qu'il l'habite et que l'on habite). L'espace thématisé dans la production textuelle, l'espace monté ou représenté, l'espace évoqué et l'espace de réception. Le Cameroun entre dans l'espace de production. Il fait l'objet de la présence du Covid- 19 dans notre espace. Ainsi, le Cameroun peut être considéré comme un espace de production et donc, un espace dysphorique car les statistiques gouvernementales illustrent à la période de juillet à aout une courbe évolutive de la pandémie à Covid-19. Dans les dix régions que compte le Cameroun, seules 03 régions érigent le Cameroun en espace à risque. Ce sont les régions du Centre, du Littoral, et de l'Ouest Cameroun. D'après le Ministre de la santé du Cameroun et OMS à la période de Décembre 2020 la région du Centre est l'épicentre de la pandémie avec un chiffre de 8438 cas. Elle est suivie du Littoral avec 3503cas et de la région de l'Ouest avec 3002 cas. Ces espaces deviennent ainsi les protagonistes de la transmission et de la divulgation du Covid -19 au Cameroun. Cette divulgation est due à l'aspect socio-économique, politique et culturel. Sur le plan politique la région du Centre est le siège des institutions. Tous les regards des jeunes sont orientés vers la quête de l'emploi. Du coup, cette région attire une forte population jeune. Celle-ci facilite l'expansion du virus. Sur le volet social, l'architecture des logements sociaux favorisent la circulation du virus dans le sens de la promiscuité au sein des quartiers. Les adductions d'eau et d'électricité en manque obligent les populations à des mouvements facilitant ainsi le mouvement du Covid - 19. Cette jeunesse est le plus souvent ignorante des mesures barrières. De ce fait, le Covid 19 installe son lit. Lorsqu'on se penche sur l'aspect économique l'espace dysphorique qui définit la région du centre fait preuve d'une pauvreté criarde. Les populations à la période de juillet à aout manquent des moyens financiers pour s'approvisionner en masques médicaux. Le niveau de la vie étant relativement bas, les yaoundéens dans leur majorité gonflent les chiffres de la contamination au Covid -19. Le volet culturel n'est pas en reste car l'accueil et l'hospitalité en l'Afrique sont des valeurs qui figurent dans la culture Camerounaise. De ce fait, les visites interfamiliales et les accolades participent à la politique de la vulgarisation des infections dans la région du centre. En clair, la région du centre est un facilitateur à l'expression Covid -19 au Cameroun.

Douala est la deuxième région qui affiche un taux de prévalence considérable. Les statistiques du Ministère de la sante publique au Cameroun et ceux de l'OMS la classe en seconde fonction. Il s'agit d'un chiffre 3,503 cas de contaminés. La région du Littoral est le poumon économique du Cameroun. À ce sujet, cette région fait courir un grand nombre de citoyens, à la recherche d'une activité lucrative. Sur cette lignée, Douala devient tout comme la région de Yaoundé des catalyseurs à la mobilité du Covid- 19. La capitale économique est un espace dysphorique qui fait du Cameroun le pays de l'Afrique centrale le plus touché par cette maladie. La libre circulation des hommes et des biens commerciaux d'une région à une autre engendrent non seulement des contaminations mais aussi des produits souvent mal désinfectés. Ces transports qui se font souvent à l'insouciance des mesures barrières sont à l'origine des contaminations en série. Douala est par définition une ville cosmopolite à une mosaïque activités sur le plan économique. À cet effet, cette ville captive plusieurs jeunes camerounais à la recherche du pain quotidien. En cette circonstance de crise sanitaire, Douala brille par un taux croissant des infections. L'activité économique, associée à la débauche et à la négligence des mesures barrières sont à l'actif de la propagation du virus faisant de la région du Littoral la deuxième ville dont l'espace est jugé dysphorique.

La troisième région la plus touchée au Cameroun est inéluctablement l'Ouest Cameroun. En terme de superficie, l'ouest la plus petite région du Cameroun. Mais le dynamisme de sa population le classe parmi les trois premières régions du Cameroun. Le taux de prévalence de la pandémie Covid -19 se chiffre à 1002 cas. La région de l'Ouest comme celle du Centre et du Littoral se caractérisent par une activité essentiellement axée sur le commerce. Cette situation favorise l'expansion du Covid -19 en ce sens que les mesures barrières sont banalisées du fait de la précarité et de la recherche de la plus-value et des idées reçues de la culture ancestrale. Ici, il se dit que les noirs résistent plus au nez bouché et que les écorces et les plantes médicinales sont efficaces à l'anéantissement du virus. L'Ouest une région par définition culturelle. Cette région tire son énergie dans les cultures ancestrales qui sont restées intacts. L'œuvre de la colonisation dans le sens négatif comme dans le sens positif du terme n'a altéré le moindre rite culturel. Il faut dire à ce niveau que le Covid -19 a eu raison sur cette partie du Cameroun avec plus de 100% de cas contaminés. Les funérailles d'un membre cher disparu d'une manière naturelle ou non sont aussi des facilitateurs à l'évolution de cette infection. Réputée pour agriculture, la région de l'Ouest ravitaille en vivre frais les régions du Centre et du Littoral et vice versa. À cette mobilité s'ajoute une identité culturelle viscérale qui donne accès à des contaminations inter urbaines. « Dans la perspective de cette communication axée sur la migration covidienne dans quelques communiqués gouvernementaux camerounais : une approche géo-éspistémocritique des chronotopes de transmission », il ressort que les espaces qualifiés de dysphoriques sont à l'origine de la propagation du virus au Cameroun. Les principales régions sont le Centre c'est-à-dire Yaoundé, Douala pour la région du Littoral et la région de l'Ouest avec pour Chef-Lieu Bafoussam. Ces espaces pour des raisons socio-politiques culturels et économiques sont à l'origine du mouvement du Covid -19. Ce sont les berceaux et les niches du Covid -19 qui favorisent la migration inter urbaine du virus Covid -19. Toutefois, le Cameroun ne se réduit-il à ces 03 régions ? Dans la répartition administrative du Cameroun, on en dénombre 10. Les autres régions sont les moins infectées par cette pandémie. Nous étudierons les raisons de ce constat à travers les notions d'espaces euphoriques.

Un espace se caractérise par les lieux et les objets qui en constituent les sens. Ses indices sont pleins de signification. Ainsi, en analysant les données spatiales des chronotopes de transmission du Covid -19, on aboutit à une interprétation cohérente du texte. Il s'agit ici des communiqués gouvernementaux sur l'impact du Covid -19 au Cameroun dans ces communiqués gouvernementaux, trois régions sont considérées comme des lieux à risque. Il s'agit de : Yaoundé, Douala et Bafoussam. Seulement le même Ministère fait échos des espaces les moins touchés par la pandémie du Covid -19. Ce sont des espaces qu'on qualifie d'euphorique. L'espace euphorique est donc le lieu où virus du Covid -19 impacte moins sur l'activité des citoyens. De ce constat, on note alors que dans ces lieux, les Camerounais vivent bien. Les mesures barrières sont moins sévères que dans les lieux dits espaces dysphoriques. Ici, les Camerounais vaquent à leurs occupations. Ils pratiquent des activités tant sportives que politiques et commerciales dans un climat pacifique du vivre ensemble. Selon le Gouvernement Camerounais par la voie du ministère de la santé publique, les régions les moins touchées par la pandémie du Covid-19 sont : l'Est avec 971 cas, le Sud-Ouest 703 cas le Nord-Ouest avec 559 cas, le Sud avec 541 cas, l'Adamaoua avec 171cas l'Extrêmes-Nord avec 156 cas et le Nord. Avec 127 cas. Comment comprendre la présence en ce lieu d'un nombre réduit de cas de Covid-19 ?

La région de l'Est du Cameroun est la partie la plus dense en termes de superficie. Bertoua, est le Chef-Lieu de cet espace. Si cette partie du Cameroun possède un taux moins inquiétant de la propagation du Covid-19, c'est en partie parce que cette région est restée longtemps dans l'enclavement. Les activités économiques sont rares. À ce sujet, elle n'attire pas une mobilité des hommes, des femmes et enfants en ce lieu. C'est en clair une zone de très faible activité économique. La population vit sur le seuil de la pauvreté. La ressource principale de cette partie du Cameroun reste et demeure l'exploitation forestière par les entreprises nationales et internationales. Les ressources de cette activité ne sont pas redistribuées à la population qui manque d'eau de l'électricité, des écoles et des hôpitaux. Bien que cette zone connaisse un investissement des projets structurants en barrages hydro-électriques, le taux de chômage reste élevé au niveau des jeunes, des hommes et les femmes. Le réseau routier est délabré et les populations se déplacent en moto- taxis. Dans cette perspective, Bertoua se considère comme un espace à faible taux de contamination. C'est le lieu où le Covid-19 servit moins contrairement aux grandes métropoles, distributeurs du virus à Covid-19 comme Yaoundé, Douala et Bafoussam. Dans cette zone il fait plutôt bon vivre. La vie en mesures barrières est moins contraignante et le taux de mortalité est moins élevé comme l'attestent les statistiques du gouvernement par le biais du Ministère de la santé.

Le Sud-ouest et le Nord-ouest sont les deux régions anglophones du Cameroun. Buea est le Chef-Lieu de la région du Sud-Ouest et Bamenda et le Chef-Lieu de la région du Nord-Ouest. Si ces deux régions sont sur le plan sanitaire des espaces euphoniques, ils le sont moins sur le plan socio-économique et culturel. En effet, le Nord-Ouest et le Sud-Ouest subissent une crise socio- politique et culturel entre le gouvernement central et les séparatistes de la république virtuelle d'Ambazonie. Ce conflit existe depuis l'an 2016 et fait des nombreux dégâts en matériel et en vie humaine. Les infrastructures étatiques sont spoliées, la circulation des hommes et des biens reste difficile. C'est une zone dysphonique sur le volet social du fait de la crise socio- politique qui perdure au sacrifice des enfants non scolarisés. Dans ce climat délétère, la crise sanitaire ne peut que se réduire au chiffre faible. Le Ministère de la sante publique et l'OMS affichent 703 cas de contamination pour la région de Buea et 543 pour la région de Bamenda. Il y va sans dire que sur le plan sanitaire Buea et Bamenda sont des zones euphoniques avec un taux de contamination satisfaisant par rapport aux trois grandes métropoles qui sont Yaoundé, Douala, Bafoussam. La contamination de ces régions à risques sur le plan militaire est due au ravitaillement en denrée alimentaire des troupes de forces armées en présence.

La région du Sud a pour Chef-Lieu Ebolawa. C'est une région dont le Chef de l'État du Cameroun est originaire. Cette partie du pays regorge la plus grande réserve du foret du Cameroun. Il s'agit de la réserve forestière du Dja. La principale activité économique se résume et est liée à l'exploitation forestière. Les compagnies de la foresterie nationale et internationale y mènent des activités au mépris de la population qui manque des infrastructures de base. Il s'agit de l'eau du courant électrique, des écoles et une activité commerciale digne malgré les projets structurants en cours de réalisation. La région du Sud Cameroun est par voie de conséquence moins fréquentable. Elle est à ce sujet moins exposée au virus du covid-19. Les statistiques du Ministère la classe à la 7ème position des taux de contamination. Ce taux se chiffre 543 de personnes testés positives au virus du Covid-19. Cet espace se définit comme zone à risque faible donc, un espace euphonique au coronavirus.

Les trois grandes régions restantes forment la partie dite du Grand Nord Cameroun. C'est un ensemble de trois espaces composés de Ngaoundéré dont la superficie s'étend à 63701m2. C'est le château d'eau du Cameroun. Cette partie du globe terrestre camerounais vit essentiellement de l'élevage et de l'agriculture. Bien que son sous-sol soit riche, son exploitation reste contrôlée par les instances dirigeantes du pays. L'État est le principal employeur et l'Adamaoua offre une activité économique mitigée. Sur cet aspect, la circulation des biens et des hommes n'est pas à l'image des grandes métropoles. Du coup, le Covid-19 dans son expression possède une courte existence. Sa propagation reste en dessous des chiffres des autres régions à force activité économique. Le Ministère de la sante chiffre sa courbe de contamine à un niveau faible. Les cas de contamination au Covid-19 est de l'ordre de 373 cas. C'est donc un espace dit euphonique.

Le Nord Cameroun est la 8éme région du Cameroun et sont chef-lieu est Garoua cette partie du pays s'étend sur une superficie de 66,090km2. Sa population s'élève 1,687959. Le Nord Cameroun s'identifie à une activité économique basée sur l'élevage et l'agriculture. On relève aussi des usines de cimenterie. Mais la population reste dépendante de l'État qui est l'unique employeur. Cette région tire également sa substance en matière première du tourisme. Avec un faible niveau de vie la population du nord Cameroun est à l'abri de certaine pandémie à l'instar du Covid-19 dont les chiffres de contamination s'élèvent à 379 cas d'après le Ministère de la sante publique de l'OMS. Le Nord Cameroun reste donc prioritairement un espace euphorique où les mesures barrières sont exigibles avec une rigueur apaisée.

La dernière région du Cameroun est inéluctablement l'Extrême-Nord. Le Chef-Lieu de cet espace est Maroua. Cette région s'étend sur une superficie de 32310 km2. Sa population est de 3,111.792. C'est un espace qualifié de zone la plus pauvre du pays. Ses activités essentielles restent l'élevage, l'agriculture et le tourisme. L'État est le principal employeur et la zone connaît très souvent les attaques de la secte islamique Boko Haram. Cet espace manque d'eau d'électricité des écoles et des hôpitaux. Du coup, la zone devient moins fréquentable. Cette partie du pays demeure patriarcale et fortement féodalisée. La pandémie du covid-19 sévit de moins en moins dans cette zone. Les chiffres de contamination sont de 327 cas. Il y va de soi que cet espace est euphonique car elle ne vit pas les mesures barrières draconiennes comme dans les zones à taux élevés au coronavirus.

III.2. Les temps de transmission du Covid-19 au Cameroun

Une catégorie aussi générale que le temps concerne la littérature à plusieurs titres. D'une manière globale, dans la classification des beaux-arts forgés par l'esthétique, au milieu du XIV siècle (Lessing), la poésie et musique sont rangées du côté des Arts du temps, par opposition à la peinture et la sculpture déclarées Arts de l'espace. Par son langage même, l'œuvre littéraire repose sur un déploiement que le temps maitrise et qualifie son appréhension, requiert une durée qui noue temps et lecture. Pour Michel Butor : « Dès que nous abordons la région du roman, il faut superposer au moins trois temps : celui de l'aventure, celui de l'écriture, celui de la lecture » (Butor, 1953). Dans le cadre de communiqués gouvernementaux sur le covid-19 au Cameroun, ces discours obéissent au temps chronologique.

III.2.1. Le temps chronologique de la pandémie du Covid au Cameroun

Le temps est la substance dans lequel se produisent les simultanéités, d'unités. Enfin, il s'agit aussi d'un repère relatif (avant après etc.) ou absolu (1912, 1913) précis ou imprécis associé à une ou plusieurs unités (position initiale, position finale et durée c'est-à-dire intervalle de temps entre ces deux positions. On distingue entre autres trois temps. Le temps thématisé, lié à l'enchainement chronologique des états et des évènements de l'histoire rencontrée dans une production sémiotique, le temps de la disposition et le temps réel. Dans les discours gouvernementaux au Cameroun, c'est le temps chronologique qui fait foi, Il situe la pandémie du Covid-19 dans son expression en temps réel. Il sert à toucher du doigt les raisons et les effets palpables du Covid-19 dans les espaces de transmission. Ce temps dit chronologique n'est pas celui de l'illusion. Il montre la pandémie telle qu'elle fait subir sa dictature au gouvernement Camerounais et à son peuple. On le relève en ces termes : « sous la présidence du Premier Ministre, Chef du Gouvernement, S.E JOSEPH DION NGUTE, s'est tenu ce jeudi 23 juillet 2020, par visioconférence, la dix-septième réunion hebdomadaire du comité interministériel changé d'évaluer et de suivre la mise en œuvre de la stratégie gouvernementale de reposte contre la pandémie du Covid-19 au Cameroun » (Fouda, 2020) ou encore :

« Le Premier Ministre, Chef du Gouvernement, S.E JOSEPH DION NGUTE, a présidé ce jeudi 06 aout 2020, par visioconférence la dix-huitième réunion du comité interministériel change d'évaluer et de suivre la mise en œuvre de la stratégie gouvernementale de riposte contre la pandémie du Covid-19 au Cameroun » (Fouda, 2020).

Ces extraits de texte illustrent un moment bien précis de la tenue des réunions au Cameroun. Ainsi, le temps chronologique qui ressort informe sur l'urgence du gouvernement Camerounais à tenir des réunions de crise d'une manière répétitive et régulière. Il s'agit en d'autres termes de l'état d'urgence. Celui-ci démontre les stratégies de reposte que le gouvernement use pour faire face à cette pandémie aux chiffres de contamination évolutifs. « Le 23 juillet 2020 et le 06 aout 2020 » sont des périodes à fort impact sanitaire qui obligent l'État Camerounais à l'action. C'est ainsi que cette tâche est confiée à la haute hiérarchie. Cela montre toute la détermination du gouvernement à juguler cette crise. En cette période précise, le compteur de cas au Covid-19 affiche d'après les statistiques du gouvernement Camerounais un taux 18.662 des cas recensés. Cela est suffisant pour installer au sein de l'État Camerounais un aveu de panique. Il faut dire l'usage des adjectifs numéros ordinaux renseignent à suffire sur ce climat d'inquiétude et d'angoisse. Il s'agit bien de la dix-huitième réunion. Cela offre une réelle prise de conscience de l'État du Cameroun qui ne ménage aucun effort pour assurer la sécurité et la sante de ses compatriotes. Seulement, la dictature du virus s'annonce sévère et les conséquences à la fois socio-économiques et culturelles sont lourdes. Le temps chronologique est celui qui renseigne sur la vitesse de propagation du virus au Cameroun et l'éveil du gouvernement à renverser la courbe des contaminations. Au fil du temps cette lutte est vaine du moment où le Cameroun subit l'agenda du Covid-19. De par les espaces qui facilitent sa migration. Il anéantit d'une manière spectaculaire l'effort des États. Au début de la crise, les services du premier Ministre dénombre dix-huit réunions. Cela démontre l'état de siège du Cameroun. Cette administration perd le sommeil pour trouver les mécanismes de front à cette maladie.

III.2.2. Le temps thématisé du Covid-19 au Cameroun

Le communiqué est un discours. Dans tous les discours, l'émetteur donne un message au récepteur. Ces messages sont le plus souvent présentés en séquences et en mouvements. Le contenu du message subit des épisodes dans le temps, question de captiver le destinateur. Ces moments sont précis dans une énonciation et renvoient au temps thématisé. Ils sont liés à l'enchainement chronologique des états dans une séquence sémiotique. Dans le discours Camerounais, ce temps se note avec une aisance particulière. On le relève en ces termes : « Le Premier Ministre, Chef du Gouvernnement, S.E Joseoh Dion Ngute, a présidé ce jeudi 20 Aout, la réunion hebdomadaire du comité interministériel chargé d'évaluer et de suivre la mise en œuvre de la stratégie gouvernementale de reposte contre la pandémie du Covid 19 au Cameroun » (Fouda, 2020). Le temps thématisé dans cet extrait se relègue à l'emploi de l'adjectif qualificatif épithète « réunion hebdomadaire » dans ce communiqué du gouvernement Camerounais, non seulement cette classe grammaticale informe sur l'état de la réunion. Il informe aussi comment est cette réunion. De plus, ce mot présente le temps de l'action gouvernementale du Cameroun dans la riposte du Covid -19. Il ressort que les entretiens interministériels se tiennent chaque semaine dans le cas où un mois à quatre week-end, on comprend aisément l'état d'esprit du gouvernement à vouloir renverser la courbe des contaminations du Covid 19. S'il faille tenir les réunions de crise chaque vendredi, il faut comprendre que l'État camerounais prend le sommeil face à cette pandémie. Le temps thématisé le dénombre à suffire. Il informe sur la communication hebdomadaire édictant les méthodes barrières à pratiquer. Alors, les efforts de l'État restent modestes. La notion de temps chronologique et celle temps thématisé se complètent dans le cadre de la communication gouvernementale. On y associe aussi le temps réel. La notion de temps montre d'une manière précise la menace du virus Covid -19 et sa propagation au Cameroun. Comme les espaces facilitent son expansion, le temps lui présente sa facile vitesse de contamination amenant le gouvernement à l'action. On enregistre que l'espace et le temps sont des facilitateurs à l'évolution de la pandémie du Covid -19 au Cameroun au mépris des efforts du gouvernement. Le temps est donc comme le soulignent les critiques : « la lecture thématique des œuvres s'organise donc souvent en fonction des catégories de la perception et de la notion relation temps, espace, sensation » Pour Georges Poulet, « La question qui suis-je ? Se confond (...) naturelle avec la question quand-suis-je » (...) mais à cette question, correspond non moins naturellement un autre analogue où suis-je ». (Poulet, 1968)

IV. L'IDEOLOGIE DES CHRONOTROPES DE TRANSMISSION DU COVID19 DANS LES DISCOURS GOUVERNEMENTAUX AU CAMEROUN

L'étude géo-épistemologie des chronotopes de transmission dans la perspective du gouvernement camerounais n'est pas conséquences. Il ressort de cette étude les déictiques temporels sont des facilitateurs à l'expression du Covid-19 au Cameroun. Cette épidémiologie se concentre dans les espaces dysphoriques. Au Cameroun, il s'agit de Yaoundé, Douala et Bafoussam dont le taux de prévalence est élevé par rapport à d'autres espaces qualifies de euphoriques. Cette propagation du virus Covid-19 est due aux réalités d'ordre culturelles, politiques, économiques et sociales. Ces réalités sont des facilitateurs sont des facilitateurs au mouvement de la maladie et servent de relais à d'autres espaces aux conséquences relativement bas. Le temps a le même effet dans la propagation du virus à Covid-19. Il se réduit au temps de production. Ici, le Covid-19 sévit dans un milieu précis. Il s'agit de l'an deux-mille vingt. On distingue aussi dans la même perspective, le temps thématisé qui, lui, illustre les réunions de crise d'une manier régulière dans le discours du gouvernement présentant ainsi le danger réel du Covid-19 au Cameroun et les efforts de l'État camerounais à le vaincre. Toutefois, ces réunions en séries fait naitre un nouvel ordre de gouvernance au Cameroun. Il s'agit de la gouvernance électronique, Celle qui s'appuie sur les nouvelles formes de technologie de l'information et de la communication abrégée les TIC et visioconférence. Cette gouvernance électronique désacralise les valeurs républicaines au Cameroun. Elle annule des symboles inaliénables de l'identité camerounaise. Il s'agit en l'occurrence de la fête de l'Unité camerounaise. Cette fête est un moment fort de l'histoire du Cameroun. Elle célèbre l'unité du pays décrétée le 20 mai 1972. La fête de l'Unité est inscrite dans la constitution du Cameroun. Elle est un honneur que l'État camerounais rend aux armées et à la nation toute entière. Elle se tient chaque année par un défile grandeur nature au boulevard du 20 mai à Yaoundé. Le Chef de l'État son excellence Paul Biya préside de mains de maitre ces moments forts de la communion armée nation. Ces moments de communion se clôture par un banquet que le Chef de l'État et son épouse offrent à la nation camerounaise. Ces moments de convivialités permettent au Chef de l'État camerounais de toucher de prêt sa côte de popularité et d'échanger en direct avec ses compatriotes. Il s'agit d'une sorte d'amour patriotique où toutes les couches sociales sont représentées autour de l'instance dirigeante du pays. Mais ce sacrement national est dilué dans la crise sanitaire réduisant à rien les valeurs de la république. Aucune visioconférence ne combler cette valeur humaine. Une fête en appelle une autre. La fête de la jeunesse au Cameroun occupe une place de choix. Elle est inscrite dans la constitution camerounaise. Elle se tient le 11fevrier de chaque année. Elle rend un hommage aux enfants tués à Soweto en Afrique du Sud en 1973. Au Cameroun cette fête se célèbre pour réfléchir à l'avenir des jeunes citoyens camerounais. Les problèmes de formation des jeunes et leurs emplois sont abordés par des séries de conférences. On observe un parlement des députés juniors et seniors à cet effet. La présence du Covid-19 dévalue toutes ces représentations symboliques. On retrouve la même dictature covidienne dans la culture, l'économie et dans le social. Le Covid-19 certes nous impose une réflexion sur les nouveaux paradigmes mais il nous exige un mode vie difficile pour un pays en émergence car les visioconférences ne sont pas accessibles à tous.

V. CONCLUSION

En somme, notre communication portait sur la migration covidienne dans quelques communiqués gouvernementaux camerounais ; une approche géo-épistemocritique des chronotopes de transmission. Cette entreprise a eu comme grille théorique et méthodologique, la géo-épistemocritique. Il s'agit d'une analyse de textes qui s'appuie sur les données spatio-temporels comme structures discursives porteuses de significations. Cette enquête menée dans les communiqués gouvernementaux nous a permis de distinguer deux types d'espace et de transmission du Covid-19 au Cameroun. Il s'agit des espaces dysphoriques et euphoriques. L'espace dysphorique se réduit aux grandes métropoles que sont Yaoundé, Douala et Bafoussam. L'espace euphorique, lui, se concentre dans les régions très peu urbanisées et moins touchées par le Covid-19. Ces grandes métropoles sont des foyers à coronavirus selon le discours du Premier Ministre camerounais et les statistiques de l'OMS. De ce discours, on constate que le mode de transmission du Covid-19 est dû à nos us et coutumes sans oublier les volets politiques économiques et sociaux. Les autres espaces dans le grand sud, le grand nord et les régions anglophones sont de moins en moins touchées par cette pandémie. Les données temporelles nous ont informés sur la tenue répétitive des réunions de crise par l'État camerounais. Le temps de la production et celui de la thématique l'ont démontré à suffire. L'exploitation de ces chronotopes dans les communiqués gouvernementaux démontre l'émergence d'une nouvelle forme de gouvernance axée sur les technologies de l'information et de la communication, les TIC. Ce mode de gestion que nous impose le Covid-19 est certes louable et novateur mais inadapté pour un Cameroun en émergence où les problèmes de capitaux, de sources d'énergie et d'ouvriers qualifiés se posent avec acuités.

BIBLIOGRAPHIE

Aron, Paul, (2002), *Dictionnaire de la littérature du littéraire*, Paris, P.U.F.

Butor, Michel(1969), *Essais sur le roman*, Paris, Gallimard.

Bachelardf, Paul(1957), *La Poétique de l'espace*, PUF.

Blanchot, maricel, (1976), *L'Espace littéraire*, Paris, Gallimard.

Barthes, Roland, (1970), *l'Empire des signes*, Paris, Flammarion.

Bouvet, R, (2008), *Pour Une Approche Géopoétique* de la lecture.

Fouda, Séraphin M, (2020), *Communiqués du Gouvernement*, Yaoundé, SG des Services du PM.

Gengembre, Gerald, (1996), *Les Grands courants de la critique littéraire*, Paris, Seuil.

Genette, G, (1969), *La Littérature de l'espace*, Figures II, Paris, Seuil.

Greimas, A.J, (1976), *Pour une sémiologie* topologique, Paris, Seuil.

Lotman,Y, (1999), *La Sémiosphère*, Limoges, P.U.L.

Michel, Butor, (1964), *l'Espace du roman*, Essais sur le roman, Paris, Gallimard.

Mittérand, H, (1980), *Le Discours du roman*, Paris, P.U.F.

Mittérand,H, (1990), *Chronotopes romanesques*, Paris, P.U.F.

Michel, Raimond, (1971), *L'Expression de l'espace dans les nouvelles romanes in positions et oppositions sur le roman contemporain*, Paris, Edition Klinckseik.

Motoré, Georges, (1952), *L'Espace humain*, Paris, La Colombe.

Mveng, Angelbert, (1985), *L'Identité culturelle camerounaise*, Yaoundé, Mincom.

Notes sur la représentation de l'espace dans le roman contemporain, (1971), Revue de l'Université de Bruxelles, 2/3p153.

Ouellet, Bourneuf, (1989), *L'Univers du roman*, Paris, P.U.F.

Poulet, Géorges (1964) Etudes sur le temps humain, III, Paris, Plon.

Trousson, Raymond, (1981), *Thèmes et mythes*, Questions de méthodes, Bruxelles, Université.

Raimond, Michel, Le roman depuis la révolution, Paris, Armand Colin.

CONCLUSION GÉNÉRALE

La crise sanitaire Covid19 a déclenché une crise socio-économique qui s'est matérialisée par une perte de revenu et d'emploi dans les pays de l'Afrique. Cette situation a entrainé des effets psychologiques sur la population.

De manière globale, à travers notre ouvrage collectif, nous avons voulu mettre l'accent sur les différents aspects d'impact de la crise Covid19, que ça soit au niveau économique, social ou psychologique. Via les différents articles composant l'ouvrage, nous avons discuté de l'importance d'une intervention homogène et coordonnée entre les pays de d'Afrique pour des actions plus efficace. A ce propos, nous proposons les recommandations suivantes :

Au niveau psychologique :

Nous avons vu que plusieurs personnes interrogées vivaient dans l'anxiété durant la Covid19. C'est vrai que c'est une nécessité permanente de s'adapter aux problèmes de la vie, mais cela peut engendrer des problèmes de santé par la suite.

Nous suggérons, au stade macro, d'instaurer des cellules d'accompagnement psychologique poste-Covid19 pour suivre l'état de la santé psychique de la population. Ces cellules auront pour tâches ; de faire un diagnostic général de l'état psychologique de l'ensemble de la population, surtout les enfants et femmes, de traiter les cas vulnérables, de tracer une feuille de route du programme d'accompagnement psychique de la population africaine.

Au stade micro, nous recommandons aux individus de se concentrer sur les choses qui font du bien, de consacrer plus du temps à la famille, proches et amis, de réduire l'usage des smartphones et réseaux sociaux et de limiter les sources d'information sur la Covid19.

Au niveau socio-économique :

La crise du Covid19 a aggravé la situation du marché de travail en Afrique. Pour faire face à la crise sanitaire, nous recommandons de mettre en place un plan social ayant pour but de renforcer et de généraliser la protection sociale.

Ce plan social doit répondre aussi, aux besoins spécifiques des personnes qui évoluent dans le secteur informel, qui reste les plus touchées par cette crise. Ensuite, ce plan doit prendre en considération les inégalités qui existent entre les pays de l'Afrique.

Ce plan social doit être accompagné d'un plan économique. Ce dernier doit être mis en place selon une logique de priorité afin de « secourir » les secteurs les plus impactés par cette crise, notamment, le secteur du tourisme et de la restauration, le secteur du transport aérien. Le plan économique doit être aussi une réponse à l'augmentation du taux de chômage et devrai mettre en place les outils et solutions pour encourager l'auto-emploi des jeunes et la création des entreprises.

Enfin, nous pouvons ajouter qu'en plus des mesures d'accompagnement, nous devons souligner le rôle important que pourrait jouer le capital immatériel africain, dans le sens où la communauté marocaine recourt souvent à la solidarité et au sens d'appartenance pour faire face à cette crise sanitaire de la Covid19.

Structures éditoriales du groupe L'Harmattan

L'Harmattan Italie
Via degli Artisti, 15
10124 Torino
harmattan.italia@gmail.com

L'Harmattan Hongrie
Kossuth l. u. 14-16.
1053 Budapest
harmattan@harmattan.hu

L'Harmattan Sénégal
10 VDN en face Mermoz
BP 45034 Dakar-Fann
senharmattan@gmail.com

L'Harmattan Cameroun
TSINGA/FECAFOOT
BP 11486 Yaoundé
inkoukam@gmail.com

L'Harmattan Burkina Faso
Achille Somé – tengnule@hotmail.fr

L'Harmattan Guinée
Almamya, rue KA 028 OKB Agency
BP 3470 Conakry
harmattanguinee@yahoo.fr

L'Harmattan RDC
185, avenue Nyangwe
Commune de Lingwala – Kinshasa
matangilamusadila@yahoo.fr

L'Harmattan Congo
67, boulevard Denis-Sassou-N'Guesso
BP 2874 Brazzaville
harmattan.congo@yahoo.fr

L'Harmattan Mali
ACI 2000 - Immeuble Mgr Jean Marie Cisse
Bureau 10
BP 145 Bamako-Mali
mali@harmattan.fr

L'Harmattan Togo
Djidjole – Lomé
Maison Amela
face EPP BATOME
ddamela@aol.com

L'Harmattan Côte d'Ivoire
Résidence Karl – Cité des Arts
Abidjan-Cocody
03 BP 1588 Abidjan
espace_harmattan.ci@hotmail.fr

Nos librairies en France

Librairie internationale
16, rue des Écoles
75005 Paris
librairie.internationale@harmattan.fr
01 40 46 79 11
www.librairieharmattan.com

Librairie des savoirs
21, rue des Écoles
75005 Paris
librairie.sh@harmattan.fr
01 46 34 13 71
www.librairieharmattansh.com

Librairie Le Lucernaire
53, rue Notre-Dame-des-Champs
75006 Paris
librairie@lucernaire.fr
01 42 22 67 13

www.ingramcontent.com/pod-product-compliance
Lightning Source LLC
LaVergne TN
LVHW012006220826
846092LV00001B/251

* 9 7 8 2 3 4 3 2 4 2 4 7 7 *